道修养性

道修养性

中国人最根本的智慧基石，两千年来都在用的传世哲理。用超然之心，忍人所不能忍，行人所不能行，容人所不能容，处人所不能处。活在凡尘俗世要看得开，放得下，悟得透，握得住，才能超然洒脱，豁达心安。

天人合一，无为而治，逍遥自然，道法自然。今天，以全新的角度审视《老子》、《庄子》等书，其中的闪光名言虽廖廖数语，却寄寓着丰厚的哲理，凝结着深邃的智慧。拂去历史的尘埃，老子“道法自然”的思想在今天仍闪耀着灵动、邃远的思想光芒，对现代人的人生有很大的帮助。

不凿进、不强求、不怨对、不逞能、不占先、知退让。老子提醒我们，那些只注重眼前利益和为物欲所左右的人不过是行尸走肉而已，而追求内心的恬淡和宁静、追求思想的自由与致远、追求与自然界万物和谐一体的美妙体验，才是人生的最高境界!

道修养性

用道的胸怀点释人生，随缘而行，随遇而安，随性而活

李世化◎编著

企业管理出版社
ENTERPRISE MANAGEMENT PUBLISHING HOUSE

图书在版编目（CIP）数据

道修养性 / 李世化编著 . -- 北京：
企业管理出版社，2015.1
ISBN 978-7-5164-0968-8

Ⅰ . ①道… Ⅱ . ①李… Ⅲ . ①道家 – 研究 Ⅳ .
① B223.05

中国版本图书馆 CIP 数据核字（2014）第 257133 号

书　　名：道修养性
作　　者：李世化
责任编辑：杨苏敏
书　　号：ISBN 978-7-5164-0968-8
出版发行：企业管理出版社
地　　址：北京市海淀区紫竹院南路 17 号　　邮编 :100048
网　　址：http://www.emph.cn
电　　话：总编室 68701719　发行部 68467871　编辑部 68701408
电子邮箱：80147@sina.com　zbs@emph.cn
印　　刷：天津冠豪恒胜业印刷有限公司
经　　销：新华书店
规　　格：170 毫米 ×240 毫米　16 开本　17 印张　180 千字
版　　次：2015 年 1 月第 1 版　2019 年 11 月第 2 次印刷
定　　价：35.00 元

前言

老子是一位不喜言论的思想家，然而他说出来的每句话都字字珠玑——短短八十一章的《道德经》蕴含了老子智慧的精华，也是关于人类生存智慧的哲学之纲，其中具有统领意义可称之谓纲中之纲的是“道法自然”思想。

“道”是老子哲学体系的最高范畴。在老子的视野里，“道”是宇宙万物的创生源头，“有物混成，先天地生。寂兮寥兮，独立不改，周行而不殆，可以为天地母。吾不知其名，字之曰道，强为之名曰大。”道为万物之母，化生了万物，“道生一，一生二，二生三，三生万物”。道不仅化生万物，而且又是宇宙万物遵循的共同法则。老子认为宇宙间有“四大”，即人、地、天和道。四者的关系是“人法地、地法天、天法道、道法自然。”人、地、天是由道所创生，三者递进为法，运行根本规则以道为法，而道又以其本然状态、本然规律为法。人、天、地尊道之本然规律运行，就达到和谐共生状态。正所谓“天得一以清；地得一以宁；神得一以灵；谷得一以盈；万物得一以生；侯王得一以为天下正”。“一”乃是道，“得一”就是“得道”，“得道”

植根于“法道”。“法道”自然而来的是天清明，地宁静，神灵动，谷丰盈，侯王成为天下的首领。由此可见，“法道”的力量何等的浩大渊深！

老子提出的“无为”“不争”“不贪”“知足”“慈俭”“节欲”等“道法自然”的思想，从不同角度反复警示世人，告诫人类“去甚、去奢、去泰”，“不贪难得之货”，凡事有节制，把握尺度，以“深根固柢，长生之视之道”达到构建人类社会和谐的“大顺”目的。

拂去历史的尘埃，老子“道法自然”的思想在今天仍闪耀着灵动、邃远的思想光芒，对现代人的人生有很大的帮助。

由此，我们编撰了《道修养性》一书。本书将告诉我们不断进取诚然是我们人生意义的所在，但顺应自然规律、道法自然、清静无为也未必不是一种最好的选择。与其为名利外物所困扰，还不如以平常之心来对待生活、对待生命。

书中的老子将给我们一种人生境界。他告诉我们那些只注重眼前利益和为物欲所左右的人不过是行尸走肉而已，而追求内心的恬淡和宁静、追求思想的自由与致远、追求与自然界万物和谐一体的美妙体验，这才是人生的最高境界！

目录

一、守柔不争　刚柔相济的生存智慧

至柔治刚……(2)
忍一时退一步，海阔天空……(5)
做人不要太执著……(9)
道法自然，心境自可平和……(12)
示人以弱，将锋芒隐藏起来……(16)
刚柔并济，进退有道……(20)
给别人留点空间……(24)
善于隐藏，不露峥嵘……(28)
为人处事必须具备“大”的胸怀……(32)
不争则无祸害之忧……(35)
以德报怨是最大的宽容……(39)

二、崇俭能广　顺逆从容的人生选择

道是简单的，快乐也是很简单的……(44)
得失都是“道”……(46)
无“患”即无忧……(50)
迎难而上，不畏风雨……(54)
生于忧患，死于安乐……(57)
关键时刻不要走错路……(60)
世俗的看法不一定就是对的……(64)
生时不留遗憾……(67)
顺其自然事事顺……(71)
不必烦恼，办法总比困难多……(74)

三、知止常足　荣辱不惊的名利取舍

超然旷达，宠辱不惊……(78)
少一点私心杂念就会活得更好……(81)
知道“止”就没有那么累了……(85)
无拘无束，给心灵一片广阔的天地……(89)
视富贵为浮云，视忧辱为轻风……(93)
富贵而骄，自遗其咎……(97)
用超然的心态看待眼前的荣华富贵……(101)
刻意求私，必不得果……(104)
名利乃身外事……(108)

知足才会逍遥……(112)
知止而后得，不止而后失……(115)

四、去欲忘我　内省自胜的智者心态

自我感觉不要太好……(120)
时时提醒自己做个正直的人……(123)
“德”是修身养性的甘霖……(126)
智者都明白成人达己的道理……(129)
用平等之心看天下……(132)
天道公平，作恶必受惩……(135)
被利益蒙住眼睛就只能任人宰割……(138)
少私寡欲，心无忧……(142)
隐形“杀手”……(145)

五、静笃安久　静动合一的生活状态

当于静处品人生……(148)
“止”是内心的修养……(152)
活在当下，以求心安……(156)
处乱不惊，变弱为强……(158)
事物之间都是有联系的……(161)
做事的“大道”取法于自然……(164)

于无形处发掘“有形物” ……(167)

六、希言守中　进退自如的处世策略

妄言自损，守中多做 ……(172)
用心鉴别美言和忠言 ……(175)
不要随意伤害人 ……(178)
功成身退也是不错的选择 ……(182)
不显山不露水，真君子也 ……(185)
能屈者即能伸者 ……(188)
管住舌头，做个智者 ……(193)
有了功劳要保持低调 ……(196)
事盛则衰，物极必反 ……(199)
施予者有福 ……(203)
做人要“厚道” ……(206)

七、戒骄戒矜　祸福相倚的因果效应

有傲骨但不可有傲气 ……(210)
懂得内敛才会免遭嫉妒 ……(213)
取长补短天之道 ……(216)
待人接物要以“和”为本 ……(218)
空杯子才能用来盛水 ……(221)

鱼再得势也不能离开水……(224)
福兮祸之所伏……(227)
不自夸，而人敬之……(231)

八、返璞归真　无为而治的思想境界

“无为”实则无不为……(236)
让心回到最初的澄澈……(240)
改邪归正只在一念之间……(244)
为上者要有不争无为之德……(247)
“糊涂”是真正的智慧人生……(250)
闻道而笑……(254)
有时候规矩太多并不是件好事……(257)

一、守柔不争

刚柔相济的生存智慧

在老子眼里，刚与柔是相对的。夫唯不争，则天下莫能与之争；软硬兼施，刚柔相济，克敌良法；屈节让步，至柔能破至刚；沉默是金，不言而言有力量。他提出持“弱”的主张：“弱者道之用”，主张“啬”“不欲盈”，主张“慈、俭、不敢为天下先”，这样就“能勇、能广、能成器长”。正因为这样，柔弱就可以胜过刚强。

至柔治刚

原 典

天下之至柔，驰骋天下之至坚，无有入无间。

解 读

天下间最柔软的东西能影响天下间最刚强的物体（滴水能穿石），没有实体的东西才能穿越没有间隙的物体（电波能穿越墙壁）。

老子的“天下之至柔，驰骋天下之至坚”智慧，我们其实并不难于理解：天上的风是最柔的，但是却能通过肌肤，拔坚倒屋，再小的孔隙也能通过；电是最柔弱的，但它能通过金石，透过钢铁。

为何能至柔治刚呢？从物理的角度来看，刚性越大，物体的脆性就越大，抗打击的能力也就越低，钻石的确是自然界最硬的东西，但又有谁注意到，钻石甚至比玻璃更易碎呢？而硬度极差的铅，柔韧性却极好，你甚至可以用锤子把它砸得像纸一样薄，但仍然不能将它砸为两半。

有个成语叫：“四两拨千斤”。讲的正是以柔克刚的道理。俗语说：“百人百心，百人百性。”——有的人性格内向，有的人性格外向，有的人性格柔和，有的人则性格刚烈，各有特点，又各有利弊。然而纵观历史，我们不难发现，往往刚烈之人容易被柔和之人征服利用。太过嚣张的民族，往往越容易被低调的民族所征服。

冒顿是匈奴单于头曼的太子，头曼后来又喜爱别的妻子生的小儿子，想废掉冒顿而立小儿子为太子。冒顿便杀掉头曼，自立为单于。

当时东胡强盛，听说冒顿弑父自立，内部形势不稳定，乘机挑衅，派使者到冒顿那里，索要头曼的一匹千里马。

冒顿问左右大臣，大臣们都说："千里马是匈奴的宝马，绝不能送给他。"

冒顿沉吟着说："东胡索要千里马不过是个借口，假如我们不给，他就有理由攻打我们，就要发生战争。"

左右大臣都攘臂愤慨地说："宁可和他们拼一生死，也绝不可示弱送马。"

冒顿说："打起仗来就要损失几千几万匹马了，人死得更要多，不值得为了一匹千里马付出如此大的代价，况且都是邻国，在乎一匹千里马也显得过于小气。"冒顿便派人把千里马送给东胡。

过了不久，东胡又派人来索要单于的一个阏氏(单于的妻子称为阏氏)，冒顿又问左右大臣。左右大臣都义愤填膺，说："东胡太没有道义了，竟敢索要阏氏，是可忍，孰不可忍，请您下令发兵攻打他。"

冒顿说："为了一名女子和邻国大动干戈，损失人马牲畜无数，太不值得了，况且和人家邻国友好，何必吝惜一名女子。"便又把东胡索要的阏氏送了出去。

东胡王见所求斩获，意气骄横，根本瞧不起冒顿单于，又派使者见冒顿，说："你我两国边境之间有块空地，有一千多里，你匈奴也到不了那里，把这块地送给我吧。"

冒顿又问左右大臣该如何。左右大臣们说："这本来就是块无用的土地，给他也可以，不给也可以。"

冒顿闻言大怒，说道："土地是国家的根本，怎么能把土地送给别人？"

凡是说可以把地给东胡的大臣都被他斩首，然后下令国中，集中兵马，有敢迟到者一律斩首，便亲率大军袭击东胡。东胡素来轻视匈奴，全然不加防备，冒顿一举消灭了东胡，把东胡的百姓和牲畜占为己有。

冒顿弑父自立，虽属自保，也显露出他凶猛残忍的天性，然而面对东胡的无理要求，却一忍再忍，而且忍常人所不能忍，这是因为他要成就常人所不能成就的事业。

当时东胡最为强大，东胡敢于提出无理至极的要求也是倚仗自己的实力，索要千里马和阏氏不过是想挑起事端，以便自己出师有名，假如此时冒顿不答应请求，正式开战，一定占不到上风。

冒顿偏偏都忍住了，要马给马，要人给人，就是不给你开战的理由。另外也以谦卑懦弱的姿态达到骄敌、愚敌、痹敌的目的，同时用所受到的耻辱来激发国内斗士的血性，“知耻近乎勇”，耻辱常常会增强斗志。

东胡见所求无不获，心满意足，既不把匈奴放在眼里，也不屑出兵攻打了，却不知“骄兵必败”，在表面的胜利中，已经输掉了最关键的战争要素。

冒顿战胜东胡的智慧，正是以老子“天下之至柔，驰骋天下之至坚，无有入无间”为指导思想才成功的，或者说是一种退一小步而进一大步的胜利。倘若东胡是一块巨石的话，那么冒顿就必须让自己成为一堆棉花，而不是同样硬的岩石，因为棉花与巨石相碰，则会很轻松地将其包在里面。而如果巨石与巨石相碰，必然会两败俱伤。

至柔治刚的智慧并非让我们在面对强者时一味退缩、忍让，而是让我们适时地避开锋芒，与别人巧妙的周旋，最终达到制胜的目的。历史上最有名的以柔克刚的事例莫过于《将相和》——蔺相如正是善于使用柔术，不但避免了窝里斗，还使廉颇自己认识到错误、主动请罪的。

阳刚是年轻人的标志，然而处事过于阳刚就不明智了。遇到问题应该以冷静的心态去对待，在某些不能直接解决的问题上不妨退一步，以一种柔弱的态度转向另一个方向去解决，这就是那些会办事的人通常采取软硬兼施手段的原因了。

忍一时退一步，海阔天空

原典

善为士者不武，善战者不怒，善胜敌者不与。

解读

智人从不崇尚武力，指挥战争的将帅之才从不会做出偏激的行为，善于克敌制胜的人从不与人争一地之高下。

《老子》既是一部道家的哲学名著，也可以说是一部宝贵的兵书。因为《老子》一书中既有关于战争的思想，也有用兵的战略与战术问题，对中国的兵家产生过重大的历史影响。

老子反对“以兵强于天下”，“夫佳兵者，不祥之器”是老子的反战名言，这与他反对一切强暴的态度相一致。但老子的柔弱并不是软弱，老子的不争并不是屈从，这在老子对军事问题的看法中随处可见。

老子认为，以冷静的态度来进行战争，才能制订出合理的计划，才能避免不必要的损失，才能取得最好结果。善于克敌制胜的人，不是要寸土必争，斤斤计较于一城一地之得失，而是要获得最后胜利。所以，能够以不争的态度来指挥战事，往往能够把握全局、进退自如。

生活中太多好逞一时之能、得理不让人的人，他们看似精明、看似英雄，实则不过一介莽夫而已。

有这样一个小故事：

一户人家来了远方造访的客人，父亲让儿子上街去买酒菜，准备请客，没想到儿子出门许久都没回来。父亲等得不耐烦了，于是自己就上街去看个究竟。

父亲快到街上的便桥时，发现儿子正在桥头和另一个人面对面地僵持在那儿，父亲就上前询问：“你怎么买了酒菜不马上回家呢？”

儿子回答说：“老爸你来得正好，我从桥这边过去，这个人坚持不让我过去，我现在也不让他过来，所以我们两个人就对上了，看看究竟谁让谁！”

父亲听了儿子的一席话，就上前声援道：“孩子，好样的，你先把酒菜拿回去给客人享用，这儿让爸爸来跟他对一对，看看究竟谁让谁！”

生活中，到处可见这对父子的影子，不肯给别人一点余地，不愿给别人一点空间，往往只为了“争一口气”，本来没有什么大不了的事，非要大费周章地坚持己见互不让步，结果小事变大事，甚至搞得大家都没好果子吃，这是何苦？

在狭窄的路上行走，要留一点余地给别人走。羊肠小道两个人相对通过时，如果争先恐后，两人都有坠入深谷的危险。在这种情况下，先停住脚步让对方过去，才是最有礼貌、最安全的做法。

遇到美味可口的饭菜时，要留出三分让给别人吃，这样才是一种美德。

路留一步，味留三分，是提倡一种谨慎的利世济人的做人方式。在生活中，除了原则问题

须坚持外，对小事、个人利益而言，互相谦让会带来个人的身心愉快。

“小姐，你过来！你过来！”一位正在用餐的顾客指着面前的杯子高声喊，“看看！你们的牛奶是坏的，把我一杯红茶都糟蹋了！”

“真对不起！”服务小姐充满歉疚地笑道，“我立刻给您换一杯。”

新红茶很快就端上来了，碟边跟前一杯一样，放着新鲜的柠檬和牛奶。小姐轻声地告诉顾客说：“我是不是能建议您，如果放柠檬，就不要加牛奶，因为有时候柠檬酸会造成牛奶结块。”这位顾客的脸一下子红了，他匆匆喝完茶就离开了。

一会儿，有人笑问服务小姐：“明明是他的错，你为什么不直说呢？他那么粗鲁地叫你，你为什么不还以一点颜色？”

“正因为他粗鲁，所以要用婉转的方式对待；正因为道理一说就明白，所以用不着大声。”小姐说，“理不直的人，常用气壮来压人。理直的人，要用‘和’气来交朋友。”

对于生活中那些喜欢小题大做、得理不让人的人，我们大可以像这位服务员那样去以理服人，这也是我们中华民族的传统美德。

人生不如意十有八九。当我们在生活中遇到不如意、不顺心的事情时，要“得理让人，忍让为先”。忍什么？一要忍气，二要忍辱。气指气愤，辱指屈辱。气愤来自于生活中的不公，辱产生于人格上的贬损。忍气是为了求安，凡事要想得开，看得远，正如俗话所言：“忍得一时之气，免得百日之忧”。

在中国人眼里，忍耐是一种美德，更是一种以屈求伸的深谋远虑。“吃亏人常在，能忍者自安”，是提倡忍耐的至理箴言。忍耐是人类适应自然选择和社会竞争的一种做人方式。

世上的无谓争端多起于芥子小事，一时不能忍，铸成大祸，不仅伤人，而且害己，此乃匹夫之勇。凡事能忍者，不是英雄，至少也是达士；而凡事不能忍者，纵然有点愚勇，终归城府太浅。所谓“小不忍则乱大谋”是也。

忍耐并非懦弱，而是于从容之中静观或蔑视对方。唐朝的娄师德，是世家公子，祖上历代都做大官。他弟弟到代州去当太守，他嘱咐说：“我们娄家世代为官，泽及你我，所以难免被人说道。你出去做官，要认清这一点，遇事要能忍耐。”他弟弟说：“这我懂得，就是有人把口水唾到我脸上，我也自己擦掉算了。”娄师德说：“这样还不行。”弟弟又说：“那就让它留在脸上自己干。”娄师德说：“这才对了。”

娄师德教诲他弟弟的“唾面自干”也许不值得效仿，但忍耐确实是一种难得的品质，它需要健康的心理。忍耐不是谁都能做到的，也不是谁都能学会的。做到了，万物皆备于我；学会了，人格就会得到提升。

无论是民族还是个人，生存的时间越长，忍耐的工夫就越深。生活在世上，要成就一番事业，谁都会经受一段忍辱负重的曲折历程。因此，忍辱几乎是有所作为的必然代价。

做人不要太执著

原典

吾是以知无为之有益。不言之教，无为之益，天下希及之。

解读

我因此懂得了不执著于名的“无为”的好处。“不言”的劝教，“无为”的好处，普天下没有什么比得上。

据说，7000年以前，尼加拉瓜大瀑布将会完全溶解它周围所有的山，直到目前为止，已经有7英里的山和石头被它所溶解。所以，7000年以后的人们将看不到尼加拉瓜大瀑布那壮丽的景色，因为将不再有山可以让它落下来，瀑布也就消失了，或者可以说是那座山消失了。没有山的尼加拉瓜大瀑布会变成什么呢？是一条大河吗？这我们不得而知，但是最坚硬的石头被最柔软的水所溶解，仔细想来真是件神奇的事情。

正如老子所说的，至柔的可以驰骋至坚的。山是那样坚硬，而且庞大，与它相比瀑布似乎只能流淌奔泻在山涧里而已，可是水真的只是用那始终如一的流动，便能使得一座山消失。这样想来，所有海洋里面的沙也只不过是远古时的高大山脉。水将它们带到地面上，山脉消失了，而水继续在流动，它虽然很柔软，但是却持续不断，渐渐地，那些坚硬的物质就溶解了。

如果我们能活上几千年几万年，能有着无比的耐心去看这个过程，或许我们才会真正领悟到水的力量。

为什么天下最柔弱的却可以消溶掉天下最坚硬的？是因为那个坚硬的会抗拒，因为那个坚硬的会抗争，因为那个坚硬的从一开始就在防卫——那个防卫使它疲倦。而那个柔软的从来不抗争，打从一开始那个柔软的就没有想要去溶解或摧毁任何人，它只是按照它的本性流动，流向中空的地方，就这样而已。打从一开始，它就不是一个敌人，你怎么能够防卫住一个不是敌人的“对手”呢？而那个坚硬的是觉知的、警觉的，它一直在紧张地抗拒，而抗拒就是在消磨自己的能量，就是在走向灭亡。

是的，柔弱的最终会不争而胜。也许有人会说这个最终来得太慢，要等上几千年之久啊。

所以，人们仍然习惯于用强硬的手段去获取，因为这样比较快。

第二次工业革命极大地促进了生产力的发展，人类社会进入电气时代。世界主要资本主义国家开始进入帝国主义阶段。垄断进一步造成资本主义经济发展的不平衡。老牌资本主义国家英国和法国，经济发展相对缓慢。新兴的美国和德国经济发展相当快，工业总产值超过英、法而位居世界第一和第二。俄国和日本经济也迅速发展。这就刺激了帝国主义列强对世界霸权和殖民地的掠夺，从而加深了列强之间的矛盾，造成国际局势的紧张，最终酿成第一次世界大战。

第一次世界大战主要发生在欧洲但波及到全世界，由德、奥、意形成的“三国同盟”和英、法、俄形成的“三国协约”两大帝国主义阵营参与的世界大战，卷入战争的国家达到33个，人口近15亿，1000万人在战火中伤亡。第一次世界大战改变了帝国主义国家之间的力量对比，世界格局发生了重大变化。

1919年6月28日，第一次世界大战的战胜国终在巴黎近郊著名的凡尔赛宫镜厅签订了《协约国和参战各国对德和约》，即《凡尔赛和约》。共有27

个国家的1000多名代表参加。实际上，和会主要是由英、法、美这三个大国操纵，其他国家只能参与讨论与本国相关的问题。这次会议名义上是战后“和平会议”，实际上是欧美列强重新瓜分世界的分赃会议。

根据《凡尔赛和约》，德国领土减少八分之一，人口减少十分之一，失去所有海外殖民地和领地，军事力量被大大限制。该条约使英、法、日三国获利巨大，德国受到了苛刻的限制，对美国不利。因此，美国参议院拒绝批准《凡尔赛和约》。

此后，协约国方面又陆续与土、奥、保等国签订了和约，与《凡尔赛和约》一起构建了帝国主义的国际新体系——凡尔赛体系。

但是我们可以看到，虽然一战战胜国似乎在战争之后都有所获得，但是同样可以看到他们也失去了很多，那是一个个鲜活的生命。战争所造成的灾难还远不止于此。

这就是最强硬的抗争的结果，硝烟弥漫，伤痕累累，伤敌一万自损八千……

小到一个家庭来说，如果那个家庭和睦的话，如果夫妇之间有着爱与敬意的话，那么你将会发现，几乎所有的丈夫都爱护他那柔弱的妻子的。是的，身为强壮有力的男人，他可以去打击所爱的女人，可以对她使用暴力，她因为爱着他，所以从来没有真正去抗争，可是最终她会胜利。

妻子们有着水的温柔和甜美，她们不同于丈夫们的坚硬，她们可以让男人假装说他是胜利者，但实际上所有的妻子都知道她们才是真正不争而胜的。因为妻子们就像水一样，完全准备好要去适应而不是抗争，丈夫们又怎么能够摧毁她们呢？她们的柔软会不知不觉地“战胜”他们。

按照老子的说法，如果你想要胜利，你就必须是柔软的、谦虚的、不抗拒的。

道法自然，心境自可平和

原 典

天地相合以降甘露。

解 读

天地相互交融，自然就会普降甘露。

很多事情都是这样，自然而然，水到渠成。顺应自然而不妄加增减，事物自然会有一个圆满的结果。这和佛家常说的“不增不减”是一个意思，同时，这也是一种养心的境界。当我们感叹心累的时候，不要总是抱怨外界的因素，看看是不是我们自己画蛇添足了？

惠子谓庄子曰：“人故无情乎？”他问庄子，人本来就是没有情的吗？

庄子说：“是的。”

惠子说：“人而无情，何以谓之人？”惠子觉得奇怪，一个人如果没有情，那怎么还能称作人呢？

庄子解释说：“道与之貌，天与之形，焉得不谓之人？”就是说，道赋予人容貌，天赋予人形体，怎么能不称之为人呢？这可和情没有什么关系呀。

惠子听了以后，说既然都已经称为人了，那又怎么能够没有情呢？

庄子说："是非吾所谓情也。吾所谓无情者，言人之不以好恶内伤其身，常因自然而不益生也。"就是说，你说的情和我说的情是两码事，我说的情不是你所说的那种普通的感情，而是包括后天的思想观念。人天生就有感知，有普通的感情，而我说的那个情是后天加上的意识。我之所以讲人要修养到无情，是不要偏见，不要后天加上的好恶，从而伤害自己。如果我们加上妄情，加上后天的好恶，就会伤害生命本身。那人要怎样用知用情呢？"常因自然而不益生也。"要很自然地活下去，运用天生的自然感知，不要起分别心，不要被俗世所污染。这样人就可以长寿，可以常在。

惠子说："不益生，何以有其身？"不增不减，那靠什么来保有自己的身体呢？是呀，人体是需要补充能量的，不吃东西，不休息，那怎么能让身体不损坏呢？

庄子说："道与之貌，天与之形，无以好恶内伤其身。今子外乎子之神，劳乎子之精，倚树而吟，据槁梧而瞑，天选子之形，子以坚白鸣！"庄子一看惠子还是不明白自己的话，就接着说，我是说生命要顺其自然，要不增不减，是指心中保持清明，这样才是神仙之道。上天给我们道，这个道就是本性，上天又给了我们形体，这就很好了。人何必要加上后天的人情世故，有喜怒哀乐，来内伤其身呢？你看看你，把自己的神都用在身体外面去了，没有内养其神，心里一天到晚胡思乱想，杂念不断，这就是在把自己生命的能量消耗完了，你靠着树干吟咏，凭依几案假寐，天给了你形体，你却非得以"坚石非坚"、"白马非马"这些诡辩而自鸣得意。这种事情也要考虑个没完，考虑来考虑去有什么意义？不过是迟早把自己给累死罢了。

庄子跟惠子的辩论告诉我们，一个人要修养其内在，要使心灵顺其自然，不增不减，不要自找麻烦。自找麻烦就同惠子一样，认为自己学问好知识丰富。学问越好知识越丰富，就烦恼越多痛苦越深，也就同自己生命过不去，自己往死路上走，那就不是道德的境界了。

要让心境很平和，顺天而行，自养内在的精神，生命道德就充沛了，身体内容也充沛了，这才是道的境界。

晋武帝时，杨骏以国丈的身份把持朝政，声势显赫。

杨骏为人奸诈，凡事营私，为了永葆权势，他上台伊始便结党派，排挤打击不屈从于自己的人。他为此还得意地对自己的两个弟弟杨珧和杨济说：“古时智者谋事在先，我们兄弟要权位永固，岂能无所作为？趁皇上宠信我们，任用私人是最要紧的，若是满朝文武皆为我党，我们还怕什么风吹草动？”权位永固，这简直是神话啊，谁能权位永固？权力这种东西和其他事物一样，是盛极则衰，物壮则老的，怎么可能永固呢？

杨珧、杨济颇有见识，对哥哥的做法不以为然，杨珧忧心地说：“兄长处心积虑，未免有些过头了。兄长的智谋是高妙的，但人人得见、路人皆知，大违智谋的本意。现在兄长如果不另取他法，只怕会招人忌恨，于事无益啊。”

杨济也说：“人心向背，绝不是智谋所能赚取的。兄长若是能礼贤下士，以诚待人，自然会有奇效，否则只会自取其辱。”——他所说的是要杨骏修养自身，以品德感化他人，让别人自然归服，这是凭借内心的力量来达到的，用不着什么外在的谋略。对于内在的修养来说，那些所谓的智谋就是多添加上的污染罢了。

可是杨骏刚愎自用，对兄弟的劝谏嗤之以鼻。晋武帝病重时，杨骏撤换掉了很多与他不和的大臣，安插大量亲信进入朝廷。他的做法引起了众怒，被罢斥的大臣们纷纷弹劾杨骏不法，晋武帝病情略有好转，知道此事后十分震怒，当面斥责了杨骏，又诏命汝南王和杨骏共同辅政，以削弱杨骏之权势。

杨骏十分害怕，便将诏书藏匿起来，两天之后晋武帝病情加重，其他人也不敢追究此事，不久之后晋武帝就病死了，杨骏因此侥幸保住了富贵。

经过此事，杨骏得意忘形，更不把继位的惠帝和大臣们放在眼里，他日夜盘算如何整治他人，往往心血来潮便违反常制，大树亲党。杨珧、杨济劝阻他说："兄长唯恐算计不到，岂不知这才是最大的失策啊。兄长担负国家大任，当以情动人，以德服人，怎可一味徇私枉法呢？一个人的智力终是有限的，你这样对待天下人，天下人自会这样对待你，你岂有胜算？"

杨骏十分讨厌弟弟们的规劝，他说："身处显位，焉能无智无计？我只怕智谋不多，又何谈当止呢？别人算计于我，难道我也要坐以待毙？"

他自知众望难孚，于是想出大开封赏这一招来，以便向众人示好，收买人心。但结果是有功受封者不感其恩，无功受封者难服众心，没有受封者更是对他增加了怨恨。殿中中郎孟观、李肇因对杨骏不满，就向贾后诬告他要篡位，贾后早有干预政事之心，借此机会和汝南王亮、楚王玮勾结，发动了兵变。杨骏逃到马棚里被人杀死，他的党羽也被诛杀，牵连数千人。

杨骏自以为聪明，实则愚蠢。他不知道自己的种种计谋实乃画蛇添足，于事无益。

示人以弱，将锋芒隐藏起来

原 典

人之生也柔弱，其死也坚强。草木之生也柔脆，其死也枯槁。故坚强者死之徒，柔弱者生之徒。是以兵强则不胜，木强则兵。强大处下，柔弱处上。

解 读

人刚出生的时候身体是柔软的，死后身体却变得坚硬。草木在刚长出来的时候是柔嫩脆弱的，死后则变得枯槁。所以坚强皆跟死亡是同一种类型，柔弱与生存是同一种类型。因此，自视兵强而发动战争则不可能赢得战争，巨大的树木因资源较多容易利用反而容易被当成目标而被砍伐。强大的往往因树大招风而容易居于下风，柔弱的则常常居于上风。

老子认为“兵强则灭，木强则折”，是因为其锋芒过露。他认为“强大处下”，而“柔弱处上”——为人处世应该善于隐匿自己的锋芒，才能让自己永远不落“下风”。

能成大事的人在做一件大事之前，都会将真实的自己置于暗处（将才能、智慧隐藏起来），为了观察明亮处其他人的行动；自己保持静默，从而细心观察别人的动作。这样所有人的内外情形就都真实地展现在自己眼前，这件事自然能成。

将自己真实的实力和意图隐藏起来，并非是让我们一声不响默默无闻，而是让自己在这种不被关注的情况下去发现那些隐藏在表面现象之中的本质问题，然后我们再行动，从而达到“一鸣惊人”的效果。这就是老子“柔弱处上”的人生哲学。

古代就有许多人深知老子的这一哲学，并将之发扬光大。楚庄王“不鸣则已，一鸣惊人”的举动，正是悟透了老子的这一智慧而为的。

春秋战国时期，楚庄王即位伊始便受到内外的瞩目，因为他的祖父、父亲两代国王都很有作为。楚国上下希望他能继承父、祖遗志，开疆拓土，使楚国更加强盛：而邻近的小国则战战兢兢，危不自安，甚至连中原的大国秦、晋也都密切注意着楚国的动向。

然而出人意料的是，楚庄王即位后，根本不理国政，每日里不是在宫中听音乐，饮美酒，与妃妾们寻欢作乐，便是率领卫士于深山大泽打猎，一副标准的荒淫无度的国王形象。

楚国的大臣们自然不甘心楚国前两代国王奋斗的成果就此毁灭，纷纷入宫劝谏，但楚庄王置之不理，我行我素。后来听得烦了，干脆在王宫外立一道牌子，上写：敢入谏者死。严令之下，楚国的大臣们大概觉得还是保命要紧，真的没人敢再劝谏了。

楚庄王日以继夜，荒淫不已，一连持续了三年。国王不理朝政，下面自然乱作一团：权臣们借机树党争权，谄谀小人们则逢迎拍马，捞取官职，贪官们更是浑水摸鱼，中饱私囊。楚国的政治一下子陷入了混乱无序的状态，而忠臣贤良只有扼腕叹息的份儿了。

楚国的大夫伍举实在忍不住了。他决定入宫进谏，不过他也不愿意拿自己的头往刀刃上撞，于是想出了一个巧妙的办法。

他入宫见到楚王时，楚庄王正左搂郑姬，右拥越女，一边喝着美酒，一边听乐师们奏乐。见到伍举，楚庄王问道：“大夫是想喝美酒，还是要听音乐？”

伍举笑道：“臣既不想喝酒，也不想听音乐，而是听人们说大王智慧过人，所以想请大王猜个谜语。”

楚庄王知道伍举是要借机进谏，但既然伍举没明说，自己也不点破。伍举便说道：“在楚国的一座高山上，停落一只大鸟，它羽毛五彩缤纷，异常华丽，可是三年来它既不鸣叫，也不飞走，臣实在不明白其中的原因。”

楚庄王沉思片刻，说道：“这不是一只平凡的鸟，它三年不鸣，是在积蓄自己的力量；三年不飞，是等待看清方向。这只鸟不鸣则已，一鸣惊人；不飞则已，一飞冲天。你去吧。你的意思我都明白了。”

伍举听完楚庄王的解释后异常兴奋，他出宫后告诉自己的好友、同是楚国大夫的苏从，“国王是很有头脑的人，他是在等待时机，而绝不是一个沉溺酒色的荒淫君主，看来楚国还是大有希望的。”

几个月过去了，楚庄王不但没有丝毫改变，反而更加荒淫无度，苏从感到受了骗，他全无顾忌，舍身直闯王宫，直言进谏：“您身为国王，不理国政，只知道享受声色犬马之乐，却不知道乐在眼前，忧在不远，不久就会民众叛于内，敌国攻于外，楚国离灭亡不远了。”

楚庄王勃然大怒，拔出长剑，指着苏从的鼻尖，厉声叱道：“大夫不知道寡人的禁令吗？难道你不怕死吗？”

苏从凛然正色道：“假如我的死能让君王悔悟，能让楚国富强，我的死就是值得的。”

楚庄王看了苏从半晌，忽然扔下长剑，双手抱住苏从，感慨道：“我等的就是大夫这样忠于国家、不怕死的栋梁。”他挥手斥退歌男舞女，与苏从谈论起楚国的政务。苏从这才惊异地发现：国王对国家上下了解得比自己还要多。

楚庄王随后发布一系列政令，对那些权臣政客、谄谀小人、贪官和不称职的官员，该杀的杀，该罢职的罢职；把那些包括伍举、苏从在内的忠于国家、有才能、刚直不阿的人提拔上来。一番振作之后，楚国的政治从贪浊混乱一下子变得清明而富有活力。

楚庄王待国内基础巩固后，不仅继续开疆拓土，平定了周围附属小国的背叛，而且挺进中原，夺得了霸主地位，成为历史上著名的“春秋五霸”之一。

楚庄王即位时，楚国的情况表面上看来不错，但实际上却有隐忧——在当时，国内权臣夺利，小人充斥，群臣良莠不清，忠奸难辨。他就故意收敛住自己的锋芒，将真实的自己隐匿起来，装扮成一个荒淫君主的形象，这样不仅解除了周围国家对自己的戒心，更消除了群臣的顾忌，让他们尽情施展自己的手段，露出自己的庐山真面目。在苦等三年，摸清了所有的情况后，猝然施展霹雳手段，使楚国政治焕然一新，这才是真正的人生智慧。

刚柔并济，进退有道

原典

天下莫柔弱于水，而攻坚强者莫之能胜，以无以易之。弱之胜强，柔之胜刚，天下莫不知，莫能行。

解读

天下没有什么比水更柔弱的了，但攻坚克强却没有什么能胜过它。因为它的柔弱，所以没有什么能真正改变得了它。弱能胜过强，柔能胜过刚，天下没有人不知道这个道理，但却很少有人能实行。

老子一直提倡以温和或迂回的方式来实现自己的主张，也就是以柔胜刚，以弱胜强。他在《道德经》中反复强调了这个观念。柔中含刚，刚中存柔，刚柔相济，不偏不倚，才是中国人处世之道。这一理想化的处世方式，太极图表现得最为形象。在一个圆圈中有一条白色的阳鱼和一条黑色的阴鱼，阳鱼头抱阴鱼尾，阴鱼头抱阳鱼尾，互相纠结，浑融婉转，恰成一圆形，无始无终，无头无尾，无前无后，无高无下。最妙的是阴鱼当中有阳眼，阳鱼当中有阴眼，相互包容，相互蕴含，相互激发，相互转化而又相互促生。这正是刚柔并济的哲理。

春秋时期，郑国的子产出任宰相的时候，正值郑国内忧外患之时，处境十分困难。子产一方面以大刀阔斧的政治手腕使国内政治步入轨道；另一方面又积极展开外交活动，功绩卓著，从而改变了郑国的困难处境。

当时朝廷有许多暴政扰民，老百姓对朝廷多有怨恨。子产建议废除暴政，他说："国家如果不为百姓设想，只会盘剥取利，那么百姓就视国家为仇人了，这样的国家是不会兴旺发达的。给百姓一些好处，好比放水养鱼一样，国家看似暂时无利，但实际上大利还在后边，并不会真正吃亏的。"

郑国大族公孙氏在郑国很有影响，为了安抚他们，子产格外照顾公孙氏，一次竟送一座城邑作为对他们的奖赏。子产的下属太叔表示反对，说："让国家吃亏而讨公孙氏的欢心，天下人就会认为你出卖国家，你愿意背上这样的罪名吗？"

子产说："每个人都有他的欲望，只要满足了他的欲望，就可以役使他了。公孙氏在郑国举足轻重，如果他们怀有二心，国家的损失会更大。我这样做可促使他们为国效力，对国家并无损害。"

几年之后，郑国由于子产的改革，使全国人民的生活臻于富裕安康，渐渐步入强国的行列。

百姓常在乡校休闲聚会，非议政府的政策，大夫然明向子产建议关闭乡校，但子产不同意，他说："为什么要毁掉乡校呢？百姓在一天工作完毕之后，聚集在一起批评我们的施政得失，我们可以参考他们的意见，对获得好评的政策继续推展，对于获恶评的施政行为虚心改善，他们岂不是相当于我们的恩师？我听说尽力做好事以减少怨恨，没听说过依权仗势可以防止怨恨的。如果以强制手段阻止他们的言论，就如同要切断水流，最终使河水决堤造成大洪水，产生重大损失一般，到时抢救都来不及了。不如在平时就任随水流倾泻以疏通水路。对于人民的言论，堵塞不如疏通，这才是治乱的根本。"然明说："我从现在起才知道您确实可以成大事，我的确不如你啊。"

在子产的这段话中，或者说是在他的施政方法上，可以看出他对水之本性的深刻理解，这种理解也就是他实行刚柔相济政策的依据。

子产临终时，在病榻之前，他把后事托付给心腹，并忠告说：“我认为施政的方式不外柔与刚两者，一般来说以刚性的施政较妥。刚与柔两者譬如火与水一般，火的性质激烈，故人民见之畏之不敢接近它，所以因火丧生的人极微；反观水，因为水是温和的，故而不易使人生畏，但因为水而丧命的却不在少数。施行温和的政治看起来虽然容易，但实际上实行起来却极困难。”

其实子产就是因为掌握了刚与柔的平衡，才能刚柔并济治国有道。他能看到民心不可逆，也能看到施政的诀窍在哪里，并从中掌握一种巧妙的平衡，既能得人心，又能使国家复兴。

如果我们在生活中和子产一样明智，能够刚柔并济，以柔克刚，以退为进，那么无论是工作还是学习，都可以以一种平衡的状态去实施。因为子产的明智，在他死后，郑国人凡是男子都舍弃玉制装饰品，妇人都舍弃珠珥，男女都在巷口恸哭，三个月不闻音乐之声。这是由于子产的所作所为像水一样浸透了大地，所浸透的地方就能生长出草木，所以老百姓是这样的爱戴他。

大到管理一个国家，小到管理一个企业，甚至是经营一个家庭，都有着与子产的施政措施相通的地方，都可以运用水的智慧。而这同样也是道的智慧。

身居领导之职的人，或者是一家之长，都要有这样的觉悟：对下属或家人，切不可以过于严苛，也不可以过于宽大；过严则失去人心，没有人情味，过于宽大则不能立威，无规矩不能成方圆。当然，在细节上还是有着不同的，管理企业要更偏于刚一些，而经营一个家庭更应注重宽柔。但是无论是哪一种，作为领导者或是家长，都应该像水润草木一样，要把企业或家庭的利益放在前面。

必须指出的是，无论在历史中还是现实中，人们做人处事时往往是刚者居多，柔者居少，只知进取的多，明了后退之理的少。虽然人们都知道以柔克刚的道理，可是由于贪婪、暴躁、逞一时之快、急功近利、目光短浅等人性中的弱点，人们一般不去施用，或是施行得不好，这就需要从老庄之道中吸取智慧。

给别人留点空间

原典

天地之间，其犹橐龠（tuóyuè）乎？虚而不屈，动而愈出。

解读

天地之间，不正像是风箱一样，因有空间而得运作，能在运行之中生化不息。

“橐龠”，是旧式农业社会用作鼓吹通气的工具，俗话叫做风箱。也就是《淮南子》本经所说的“鼓橐吹捶，以销钢铁”的冶炼金属的工具之一。“橐”，是指它的外形的箱椟；“龠”，是指它内在的往来活动的管片。但在旧式的农业社会里，用布缝成两头通，中间空，用来装置杂物的布袋，也叫做“橐”；“龠”，又指后世的七孔笛。总之，“橐龠”，是老子用来说明万物的造化生灭都是乘虚而来，还虚而去，而常用的比喻。这里的“虚”，就是空间，就是我们在为人处事的过程中，给自己也给别人留下足够的喘息、反应、思考、悔过的空间。

“留白”是书法绘画术语，指的是一幅书法或绘画作品的整张纸面上，线条与颜色以外的地方。书画艺术中的“疏能跑马，密不插针”讲的就是书画艺术“黑”与“白”的辩证关系：后者讲的是线条与颜色上的工夫，前者则是神奇的灵魂所在——看上去似不经意，细细品味才知乃神来之笔，所以有的艺术家又将“留白”叫做“造白”。

中国画的留白，留得其所，便生气韵，使画面上流动着生命，使观者得以在那白而不空之处徜徉。留白是中国画的智慧，其表现力与感染力绝不逊于有形的线条与颜色，“留白”有时甚至可以将人带到线条与颜色所无法达到的境界。可以说没有留白便不能显出着墨处的美妙。

据说，当毕加索看到齐白石的水墨画时，不禁惊叹：白石先生画水不着一点色，只用一根线，却使人看到了江的涌流，嗅到了水的清香。由此足见“留白”之境界：创作之人，在留白里可以洒脱地留下自己的胸臆与情怀，而欣赏之人在留白里则可以展开想象的翅膀，读出自己心中的山水与风月。

生活也需要“留白”，这便是老子所说的“虚而不屈，动而愈出”。

报纸上刊登了一家公司招聘员工的信息，有一个人前去应聘。他事先打听到这家公司的总经理一些过去的情况，一见面就对那位总经理说：“能在这里工作我将感到十分荣幸，我更愿意追随您左右努力工作！因为我知道在十几年前，这个办公室里只有一台打字机和一个职员，经过您的艰苦奋斗和努力经营，才成就了今天这样伟大的事业，这是多么令人敬佩的事啊！”

那位总经理本来对去应聘的人，大都瞧不上眼，所以应聘的人虽然络绎不绝，结果都扫兴而归。可是这个人这么一说，正中那位总经理的下怀，使他想起自己创业之始的艰辛，再看看现在的成绩，自然是有很多感慨。于是便和这个人聊起了自己的奋斗历史，兴高采烈，眉飞色舞。这个人只是在旁边侧耳恭听，不时用简短的词句表示敬佩。谈了半晌，总经理也没有问他的学历、技能，就对坐在旁边的副总经理说：“我看这位小伙子很不错，我们就定下要他吧。”

有人做过统计，看人们在日常生活中最常用的一个单词是什么，结果发现就是“我”这个字。人们的注意力大都放在自己身上，做事时会以自己的角度出发去考虑问题、作出决定，在与人交谈的时候也都喜欢把话题围绕在自己身上。这是一种潜意识的行为，并不一定是有意为之。所以，如果在与人交谈时能认真倾听对方的话，那么无需自己多说什么，就能够与对方拉近距离。

法国大哲学家洛士佛科说：“与人谈话，如果自己说得比对方好，便会化友为敌；反之，如果让对方说得比自己好，那就可以化敌为友了。”这句话真是说得一针见血。如果对方总是夸自己的长处，并陶醉其中，觉得自己像个伟人，那么你就不妨多谦逊一下，表示卑小无能，这样自然容易获得对方的好感。

做一个倾听者比做一个倾诉者更有用，而适当的沉默无疑便是巧妙的留白，将空间留给对方去发挥，也就是给予对方极大的尊重。世上话说得天花乱坠的人不在少数，而能够善于倾听的人却不多，但是往往这样的人才更容易办成事。

在爱情和婚姻上，这种留白也是十分重要的。有很多人虽然爱得很深，但是爱情和婚姻却十分短暂，这就是因为他们不懂得要在爱情中“留白”。这就使爱情“密不插针”，没有可以喘息的空间，那么爱情也就会进入坟墓

那么如何为爱情与婚姻“留白”呢？

首先，要尊重对方的自主性。我们常说“爱情是自私的”，这是指在感情问题上具有排他性，不允许他人染指，否则爱情就会变质，就会消失。但是这种“自私”绝不意味着一方对另一方的绝对支配和控制。如果有一方以爱为名而强迫对方绝对服从自己，穿什么衣服、梳什么发型、吃什么东西、交什么朋友、做什么工作等，都要听从自己的安排和意见，那么另一方就会失去了主体性。这其实是一种精神虐待，因为它已经变成了一方对于另一方的奴役，爱情的和谐已经荡然无存。

所以，在爱情和婚姻生活里，我们要尊重对方的“隐私”。这是给予对方的信任和尊重。每个人都有自己不方便说出来的事情，无论两个人有

多么亲密，这样的事情多多少少都会有一些的，这是心理空间上的自我保护。如果这些事情不影响双方感情，对家庭生活不构成障碍，那么我们就没有必要去强迫对方坦白。比如对方与前任恋人的关系等，既然已经成为过去，既然两个人已经决定要共同生活，那么未来都是你们的，何必纠缠于已经过去的事呢？

其次，爱情与婚姻的“留白”还在于给自己留下一份清醒。

人们形容恋爱，往往用“干柴烈火”“海枯石烂”等极端的形容词，这是爱情的天性，但不是爱情的全部。爱情里除了激情，还有责任和义务，还有从爱情转化而来的亲情、友情，平等和尊重。火烧得虽然旺，可是终究不会长久，真正持久的是细水长流。所以在恋爱的时候，我们没有必要把自己的缺点都伪装起来，只给对方看自己完美的一面，事实上这样的伪装是不可能长久的，一旦脱去伪装展露真实的时候，就不免会让对方感到意外和伤害。

再次，爱情与婚姻的“留白”还在于保持对方的独立人格。

有的人喜欢将对方按照自己理想中的样子去雕琢，还认为这样是为对方好。可是每个人都是独一无二的，按照老子和庄子的话来说，只要顺其自然便好，多加矫饰反而不美。

如果能够在爱情与婚姻中“留白”，给予对方和自己私有的空间，有余地地去回旋和体味，那么就不至于在爱情中迷失自己的个性，感情也就不会轻易破裂了。总之，爱情的质量，也许不在于我们“做了什么”，而在于我们“没做什么”。

我们只要在生活中注意“留白”的妙用，就能发现生活会更加自在。

善于隐藏，不露峥嵘

原典

迎之不见其首，随之不见其后。

解读

迎着它看不到它的头，跟着它看不到它的尾。

处事做人有时候不能太过彰显自己，要像神龙一般，自身清清楚楚，却只让人看到该看到的部分。有人看到龙鳞，说是金子；有人看到龙爪，说是霹雳。其实都是龙。管中窥豹，只能看见斑点；盲人摸象，只能摸到厚墙。豹与象都只能走不能飞，已经让人如此难以见到全貌，何况飞龙！

龙有道吗？在老子看来，龙也有道。龙的道有两条：一是大，二是飞。龙之大充盈宇宙，让人迎之不见其首，随之不见其尾，只能看见一段龙身在蜿蜒而游。

龙之飞舒展风云，御气为车轮，借日作轴心，逍遥太空。我们要学习龙的“大”，不能让人见全貌，这样做事才能自己掌握而不被人控制。

在日常生活中，人们为了回避某种矛盾，或者为了渡过某种危难，或者为了对付某个势力强大的对手，在一定时期内，隐藏首尾不露峥嵘，伺机待时而动，这就犹如神龙在天，虽不见其身，但其势不可抵挡。

魏国的司马懿，出身大士族。曹操刚刚掌权的时候，曾经征召司马懿出来做官。那时候，司马懿嫌曹操出身低微，不愿意应召，但是又不敢得罪曹操，就假装得了风瘫病。曹操怀疑司马懿有意推托，派了一个刺客深夜闯进司马懿的卧室去察看，果然看到司马懿直挺挺地躺在床上。刺客还不相信，拔出佩刀架在司马懿的身上，装出要劈下去的样子。他以为司马懿要不是风瘫，一定会吓得跳起来。司马懿也真有一手，只瞪着眼望着刺客，身体纹丝不动。刺客这才相信他是真瘫，收起刀向曹操汇报去了。

司马懿知道曹操不会就此放过他。过了一段时期，让人传出消息，说风瘫病已经好了。等曹操再一次召他的时候，他就不拒绝了。

司马懿先后在曹操和魏文帝曹丕手下，担任重要职位。到了魏明帝即位，司马懿已经是魏国的元老。由于他长期带兵在关中跟蜀国打仗，魏国兵权大部分落在他手里。后来，辽东太守公孙渊勾结鲜卑贵族，反叛魏国，魏明帝又调司马懿去对付辽东的叛乱。

司马懿平定了辽东，正要回朝的时候，洛阳派人送来紧急诏书，要他迅速赶回洛阳。

司马懿到了洛阳，魏明帝已经病重。魏明帝把司马懿和皇族大臣曹爽叫到床边，嘱咐他们共同辅助太子曹芳。

魏明帝死后，太子曹芳即位，就是魏少帝。曹爽当了大将军，司马懿当了太尉。两人各领兵三千，轮流在皇宫值班。曹爽虽然说是皇族，但论能力、资历都跟司马懿差得远。开始的时候，他很尊重司马懿，有事总听听司马懿的意见。

后来，曹爽手下有一批心腹提醒曹爽说："大权不能分给外人啊！"他们替曹爽出了一个主意，用魏少帝的名义提升司马懿为太傅，实际上是夺去他的兵权。接着，曹爽又把自己的心腹、兄弟都安排了重要的职位。司马懿看在眼里，装聋作哑，一点也不干涉。

曹爽大权在手，就寻欢作乐，过起荒唐的生活。为了树立他的威信，他还带兵攻打蜀汉，结果被蜀军打得大败，差点全军覆没。

司马懿表面不说，暗中自有打算。好在他年纪也确实老了，就推说有病，不上朝了。

曹爽听说司马懿生病，正合他的心意。但是毕竟有点不放心，还想打听一下太傅是真病还是假病。

有一次，有个曹爽的亲信、官员李胜被派为荆州刺史。李胜临走的时候到司马懿家去告别，曹爽要他顺便探探司马懿的情况。

李胜到了司马懿的卧室，只见司马懿躺在床上，旁边两个使唤丫头伺候他喝粥。他没用手接碗，只把嘴凑到碗边喝，没喝上几口，粥就沿着嘴角流了下来，流得胸前衣襟都是。李胜在一边看了，觉得司马懿病得实在可怜。

李胜对司马懿说："这次蒙皇上恩典，派我担任本州刺史(李胜是荆州人，所以说是本州)，特地来向太傅告辞。"

司马懿喘着气说："哦，这真委屈你啦，并州在北方，接近胡人，你要好好防备啊。我病得这样，只怕以后见不到你啦！"

李胜说："太傅听错了，我是回荆州去，不是到并州。"

司马懿还是听不清，李胜又大声说了一遍，司马懿总算有点搞清楚了，说："我实在年纪老、耳朵聋，听不清你的话。你做荆州刺史，这太好啦。"

李胜告辞出来，向曹爽一五一十地说了一遍，说："太傅只差一口气了，您就用不着担心了。"

曹爽听了，竟信以为真。

公元249年新年，魏少帝曹芳到城外去祭扫祖先的陵墓，曹爽和他的兄弟、亲信大臣全跟了去。司马懿既然病得厉害，当然也没有人请他去。

等曹爽一帮人一出皇城，太司马懿的"病"全好了，他披戴起盔甲，抖擞精神，带着两个儿子司马师、司马昭，率领兵马占领了城门和兵库，并且假传皇太后的诏令，把曹爽的大将军职务撤了。

曹爽和他的兄弟在城外得知消息，急得乱成一团。有人给他献计，要他挟持少帝退到许都，召集人马，对抗司马懿。但是曹爽和他的兄弟都是只知道吃喝玩乐的人，哪儿有这个胆量。司马懿派人去劝他投降，说是只要交出兵权，绝不为难他们。曹爽就乖乖地投降了。

过了几天，有人告发曹爽一伙谋反，司马懿派人把曹爽一伙人全下了监狱处死。

这样一来，魏国的政权名义上还是曹氏的，实际上已经转到司马懿手里。

今天再回顾那段历史，真让人感慨良多，曹芳虽为一国之君，但司马懿才是真正的“龙”。

老子说“迎之不见其首，随之不见其后”，形象地说明了龙的巨大灵动与高深莫测，我们做事当如神龙，不能让人看见首尾，不能示人以全貌，这样才能不被控制(连龙都怕被控制，因为龙多屠龙的人也多)，何况人。有的人喜欢无保留地展示自己，只能自取灭亡。

《史记》记载：孔子向老子问礼，出来后感叹说：老子，龙也。孔子觉得老子是条龙。后来老子出关而去时，孔子正好在周游列国的路上。我们有理由推断，孔子离开鲁国的目的之一是寻找老子去了。

老子一生行为神秘莫测，最终出关而去，不知所终，果然是条不见首尾的神龙。

为人处事必须具备“大”的胸怀

原 典

故道大，天大，地大，人亦大。

解 读

所以说道大、天大、地大、人也大。

“道”之所以无所不能在于其大，在于其无所不包。天地也是如此，而人若想成王，也必须有这样的气魄和胸怀。

老子给我们的启示用在今天就是“为大不为小”。

有人聪明在眼前，有人聪明在长远。大智慧的人行为总是很超脱，他们襟怀坦荡，从不为一点鸡毛蒜皮的小事去斤斤计较。而有点小聪明的人却总喜欢察言观色，纠缠不清，鸡蛋里可以挑出骨头，无事也可以生非。这实在是很可悲。人生那么短暂，每个人都应该致力于让自己活得更有意义，怎么能因为计较小事而让自己背上沉重包袱呢？

《庄子》中对如何不与别人发生冲突也有阐述：有一个人去拜访老子，到了老子家中，看到室内凌乱不堪，心中感到很吃惊，于是，他大声咒骂了一通扬长而去。翌日，又回来向老子道歉。老子淡然地说：“你好像很在意智者的概念，其实对我来讲，这是毫无意义的。所以，如果昨天你说我是马的话我也会承认。因为别人既然这么认为，一定有他的根据，假如我顶撞回去，他一定会骂得更厉害。这就是我从来不去反驳别人的缘故。”

从这则故事中我们可以得到如下启示：在现实生活中，当双方发生矛盾或冲突时，对于别人的批评，除了虚心接受之外，还要保持一种包容的心态。人与人之间发生矛盾的时候太多了，因此一定要心胸豁达，有涵养，不要为了不值得的小事去得罪别人。生活中常有一些人喜欢论人短长，在背后说三道四，如果听到有人这样谈论自己，完全不必理睬这种人。只要自己能自由自在按自己的方式生活，又何必在意别人说些什么呢？

做人固然不能玩世不恭，游戏人生，但也不能太较真，认死理。“水至清则无鱼，人至察则无徒”，太认真了，就会对什么都看不惯，连一个跟随自己的人都容不下，把自己同社会隔绝开。镜子很平，但在高倍放大镜下，就成了凹凸不平的山峦；肉眼看很干净的东西，拿到显微镜下，满目都是细菌。试想，如果我们“戴”着放大镜、显微镜生活，恐怕连饭都不敢吃了。再用放大镜去看别人的毛病，恐怕许多人都会被看成是罪不可恕、无可救药的了。

人非圣贤，孰能无过。与人相处就要互相谅解，经常以“难得糊涂”自勉，求大同存小异，能容人，这样你就会有许多朋友，且左右逢源，诸事遂愿；相反，过分挑剔，“明察秋毫”，眼里揉不进半粒沙子，什么鸡毛蒜皮的小事都要论个是非曲直，容不得人，那么人家就会躲你远远的，最后你只能关起门来当“孤家寡人”，成为使人避之唯恐不及的异己之徒。古今中外，凡是能成大事的人都具有一种优秀的品质，就是能容人所不能容，忍人所不能忍，善于求大同存小异，团结大多数人。他们具有宽阔的胸怀，豁达而不拘小节；大处着眼而不会鼠目寸光；从不斤斤计较，纠缠于非原则的琐事，所以他们才能成大事、立大业，使自己成为不平凡的人。

一个人要真正做到不较真、能容人，首先需要有良好的修养，善解人意，经常从对方的角度设身处地地考虑和处理问题，多一些体谅和理解，就会多一些宽容，多一些和谐，多一些友谊。比如，有些人一旦做了官，便容不得下属出半点差错，动辄横眉立目，发怒斥责，属下畏之如虎，时间久了，必积怨成仇。许多工作并不是你一人所能包揽的，何必因一点点毛病便与人怄气呢？如若调换一下位置，站在挨训人的立场，也许就能理解这种急躁情绪之弊端了。

在公共场合遇到不顺心的事，实在不值得生气。有时素不相识的人冒犯了你，其中肯定另有原因，不知哪些烦心事使他此时情绪恶劣，甚至行为失控，我们也尽量应宽大为怀，不以为然，或以柔克刚，晓之以理。此外，从某种意义上说，对方的触犯是发泄和转嫁他心中的痛苦，虽说我们没有义务分担他的痛苦，但确实可以用你的宽容去帮助他。

不仅别人错待自己时不要计较，自己的一些烦心琐事也要放下，千万不要把精力放在寻找人际关系的障碍上。

生活中，财、色、利、贪、懒……时刻潜伏在我们的周围，像看不见的灰尘一样无孔不入。时间长了，不去清扫，人的心上就会积着厚厚的一层尘埃，智慧被蒙蔽了，善良被遮挡了，儿时的纯真亦不复见。

那些尘埃，颗粒极小，极轻。起初，我们全然不觉他们的存在，比如一丝贪婪、一些自私、一点懒惰，几分嫉妒、几缕怨恨、几次欺骗……这些负面的意念，像细微的尘灰，悄无声息地落在我们心灵的边角，而大多数的人并没有及时地清扫，结果尘灰越积越厚，直到有一天完全占满了我们的内心，使我们再也找不到原来的自己。

落叶之轻，尘埃之微，刚落下来的时候难有感觉，但是存得久了，积得多了，清理起来就没那么容易了。在生命的过程中，也许我们无法躲避漂浮着的微尘，但千万不要忘记去拂拭自己的心灵，只有这样，我们的心灵才会如生命之初那般清洁、明净！

不争则无祸害之忧

原典

夫唯不争，故无尤。

解读

有不争的谦逊美德的人，才能最大限度地避免烦恼和祸端。

道家的智慧虽然站在哲学的高度上示人，但它毕竟出自生活，也必然能回归于生活。“夫唯不争，故无尤”，这句话在实际生活中很有现实意义。

生活中不乏一些头脑灵活、聪明伶俐的人，他们仰仗自己有点小才，总是一副“天下舍我其谁”的样子，很是狂妄。他们总不放过任何可能的机会和场合去表现自己，总想让别人知道自己的能力和优越感，他们不知道，这样做的结果只能适得其反，不但达不到目的，反而在别人面前扭曲了自己的形象，既伤害了别人的自尊，同时也会使自己遭受损失。

有个年轻人，邀一帮朋友到沙漠地区去捕获响尾蛇。

一路上年轻人向朋友们吹嘘自己捕蛇的本领，表示任何蛇他都不怕，反而是蛇怕他，会乖乖地听他的话。

为了证明自己的本领，到了目的地，年轻人竟然把刚刚捉到的冷冰冰的毒蛇拿起来亲吻了一下。

旁边的朋友吓得目瞪口呆，并连连要求他“别再干蠢事了”。年轻人却笑眯眯地说：“没事没事，我经常和响尾蛇接吻。”

随后他又把蛇拿起来亲了亲。就在大家惊讶不已的时候，这条毒蛇猛地蹿起来冲着年轻人脸上扑去，并狠狠地咬了他上唇一口。

就听“哎呀”一声惨叫，年轻人把蛇扔在了地上，手捂嘴巴倒了下去。一边的朋友先是七手八脚将他扶起来，接着赶紧用牛仔靴将毒蛇踩死。

就在大家等救护车到来的短短几分钟时间内，人们眼见年轻人的脸“像气吹的一样肿胀起来”。

希望得到他人的尊敬和认可，这是人之常情，但不能因此而妄自尊大、不计后果强行出风头，结果自然骑虎难下、得不偿失。

一个人自恃才能过人，总是锋芒太露，就会给对手带来压力和不快，别人就会感觉到你气势太盛，不可一世，压得他喘不过气来，将你视作眼中钉肉中刺，尤其是当你的傲然之气表现出来的时候，他甚至会怒火中烧，不择手段地对你施以明枪暗箭。所以，做人必须学会自敛锋芒、韬光养晦。

作为一个人，尤其是一个自认为有才华有前程的人，要做到“心高不气傲”，既能有效地保护自己，又能充分发挥自己的才华，就要战胜盲目自大、盛气凌人的心理和作风，凡事不要太张狂、太咄咄逼人，并且还应当养成谦虚让人的美德。这不仅是有修养的表现，也是生存发展的策略。

巧妙的掩饰之所以是赢得赞扬的最佳途径，是因为人们对不了解的事物抱有好奇心。不要一下子展现你所有的本事，一步一步来，才能获得扎实的成功。倘若你处处刻意卖弄，志得意满时趾高气扬、不可一世，不被别人当靶子打才怪呢！

曾经当过苏军大本营总参谋长的华西里也夫斯基，许多时候能使斯大林不知不觉采纳他的正确的作战计划，这与他的做人技巧有很大的关系。

斯大林在办公室与华西里也夫斯基谈天说地“闲聊”时，华西里也夫斯基往往会“不经意”地“顺便”说一些军事问题，既不郑重其事，也不头头是道。果然如他所料，等他走了以后，斯大林往往能想起一个好计划。

整个二次大战期间，斯大林在军事上最倚重两个人：一个是军事天才朱可夫，一个就是上述的华西里也夫斯基。

甚至有人说，军事天才朱可夫之所以被斯大林倚重，从某种意义上来说，正好与斯大林倚重大智若愚的华西里也夫斯基有关。因为倚重朱可夫，也是华西里也夫斯基的主意。

所以无论你有如何出众的才智或高远的志向，都要时刻谨记：心高不可气傲。不要把自己看得太了不起，不要把自己看得太重要，必须审时度势，尽量收敛起锋芒。

能做到这些，你就能真正领略道家“夫唯不争，故无尤”智慧的真谛了。

换一个角度来讲，“夫唯不争，故无尤”还有它更深一层的意思，在必要的时候不仅不要强出头，还要学会低头，就像民间俗语所说的“人在屋檐下，不得不低头”，说得明白一点就是要根据周遭的形势适当地调低自己的心态。

生活当中经常会遇到各种各样的屋檐，也就是别人的势力范围，只要你人在这势力范围之内，靠这势力生存，那么你就在别人的屋檐下了。这屋檐有的很高，任何人都可抬头站着，但这种屋檐不多，大部分的屋檐都是非常矮的。也就是说，进入别人的势力范围时，你会受到很多有意无意的排斥和限制，以及不知从何而来的欺压，除非你强大到不用靠别人来过日子的程度。即使如此，你也不能保证一辈子都可以如此自由自在，不用在人屋檐下避避风雨。所以，在人屋檐下的心态就有必要调整了。

这一点，在办公室里尤为突出。今天，那些聪明的部属总会想方设法掩饰自己的实力，以假装的愚笨来反衬领导的高明，力图以此获得领导的青睐。当领导阐述其观点后，他马上会装出大彻大悟的样子，并且第一个叫好；当他对某项工作有了好的可行的办法后，不是直接阐述意见，而是在暗地里或用暗示等方法及时告知领导。

善于处世的人，常常故意在明显的地方留一点儿瑕疵，让人一眼就看见他“连这么简单的东西都搞错了！”这样一来，尽管你出人头地，木秀于林，别人也不会对你敬而远之，别人一旦认为“原来你也有错”的时候，反而会缩短与你的距离。

适当地把自己放得低一点儿，也就等于把别人抬高了许多。试想，当被人抬举的时候，谁还有搁置不下的敌意呢？

低头并非没有出息，而是一种权宜之计。头昂得太高，容易撞伤；个性太强，总有一天要吃亏。

一般来说，低头起码有这样几个好处：你很主动地低下了头，不致成为明显的目标，也不会因为头抬得太高而把矮檐撞坏。

还有最重要的一点，那些善于低头、谦让而豁达的人们总能赢得更多的朋友。他们善于放下自己的架子，虔诚、恭敬地对待身边的每一个人。反之，那些妄自尊大、高看自己小看别人的人什么事都爱露一手，仿佛就自己行，对别人不屑一顾。总认为在这个世界上，唯我最大，舍我其谁，因此，只要是涉及利益重新分配或调整时，他都采取“当仁不让”的态度，因而什么都想占，什么都想贪，这样的人到最后都受到了人们的鄙视。正如希腊一位叫希尔泰的学者所说的：“傲慢始终与相当数量的愚蠢结伴而行。傲慢总是在即将破灭之时及时出现。傲慢一现，谋事必败。”

智者善屈尊，愚人强伸头。商人总是隐藏其宝物；君子品德高尚，而外貌却显得愚笨。必要时要藏其锋芒，收其锐气，不可不分场合将自己的才能让人一览无遗。你的长处短处被别人看透，就容易被别人操纵。相反，不争的人往往能得到别人的信赖。

不要把自己看得太重，以“不争”的姿态面对每一件事、每一个人，这是做人的方略，也是道家智慧在生活中的闪光点。

以德报怨是最大的宽容

原 典

和大怨，必有余怨。安可以为善？是以圣人执左契而不责于人。故有德司契，无德司彻。无道无亲，常与善人。

解 读

无论如何化解深重的怨恨，必然还会残留难以消除的余怨，这怎么能算妥善？所以圣人待人即使被伤害了，也不会利用有利的地位去报复。有德的人只给予别人而不向别人索取，这就像拿着契约却不去逼债一样。无德的人像掌管税赋的一样，只向人索取而不给予别人。天道虽不偏袒，但却护卫有德者。

有人的地方就有江湖，有江湖的地方就有争斗，如果不懂得宽容，那么你就难免要处处树敌，寸步难行。而对老子来说，不记旧怨还不是宽容的最高境界，真正懂得宽容的人放弃报复对方的想法，热情大度地待人，求得人与人的谅解、和谐。

一位名叫卡尔的卖砖商人，由于另一位对手的竞争而陷入困难之中。对方在他的经销区域内定期造访建筑师与承包商，并告诉他们：卡尔的公司不可靠，他的砖块不好，生意也面临即将歇业的危险。卡尔对别人解释说他并不认为对手会严重伤害到他的生意。但是这件麻烦事使他心中生出无名之火，真想“用一块砖来敲碎那人肥胖的脑袋作为发泄”。

“有一个星期天早晨”，卡尔说，“牧师讲道时的主题是要施恩给那些故意为难你的人。我就把在上个星期五，我的竞争者使我们失去了一份25万的订单的事跟牧师说了。牧师却教我们要以德报怨，化敌为友，而且他举了很多例子来证明他的理论。当天下午，我在安排下周日程表时，发现住在弗吉尼亚州的我的一位顾客，正因为盖一间办公大楼需要一批砖，对方所指定的砖型号并不是我们公司制造供应的，而与我的竞争对手出售的产品很类似。同时，我也确定那位满嘴胡言的竞争者完全不知道有这笔生意机会。”

这使卡尔感到为难，是遵从牧师的忠告，告诉对手这个生意的机会，还是按自己的意思去做，让对方永远也得不到这笔生意？那么到底该怎样呢？卡尔的内心斗争了一段时间，牧师的忠告一直萦绕在他心田。最后，也许是因为很想证实牧师是错的，他拿起电话拨到竞争对手家里。

卡尔礼貌地直接告诉他有关弗吉尼亚州的那笔生意。结果，那个对手很是感激卡尔。卡尔说：“我得到了惊人的结果，他不但停止散布有关我的谣言，而且还把他无法处理的一些生意转给我做。”卡尔的心里也比以前舒服了许多，他与对手之间的误解也获得了澄清。

太过顺遂的人生反而是不好的，只有经历挫折才能让人真正成熟起来。如果一个人能以这样的心态去看待曾经伤害自己的人，那么他也就悟透了宽容的含义。

宽容意味着给予，给予别人能使自己变得更加丰富;刻薄意味着摄取，摄取得太多则容易干涸。宽容是有力量的表现，而刻薄却是力量不足的流露。

宽容是人类情感中最重要的一部分，这种情感能融化心头的冰霜，驱散眉宇的阴翳，焕发出重整旗鼓的力量，使你留得青山，可图再起。

宽容是一种无声的教育，“唯宽可以得人”，宽容最终将使伤害你的人情愿或不情愿地走向道德法庭的被告席位，或者受到这宽容的巨大感召，放弃伤害，归顺于美好的人际中来。

宽容是人类性情的空间，这个空间愈大，你的情绪就会有转折的余地，就愈加不会大动肝火，纠缠于鸡虫之争；宽容别人，给别人留条后路，别人才会报之以宽容，这也为自己留下了余地；从某种意义上说，宽容别人也是宽容自己，保护自己。给别人留一些空间，你自己将得到一片蓝天；一个宽容的人，到处可以契机应缘，和谐圆满，微笑着对待人生。

还在为受到的一次伤害怨气满腹吗？还在为自己的不平寻求报复吗？何苦来呢？人生不过短短数十载，多包容一些，让心境更平和一些，你不是可以活得更轻松一些吗？

二、崇俭能广

顺逆从容的人生选择

在老子眼里，顺与逆是相对的，有的人想求速福，却没想到只能自取速祸。老子指出，“贵以身为天下，若可寄天下，爱以身为天下，若可托天下”。一个人命运的顺逆，应该和“道”联系在一起，顺应天道，将个人的利害得失与天下苍生的命运连在一起的人，方才能够得到百姓的爱戴和拥护；以爱天下苍生为己念的人，百姓才会相信他，并靠他为百姓办事，百姓方才放心。

道是简单的，快乐也是很简单的

原典

道常无名，朴虽小，天下莫能臣也。

解读

道的运作法则是空性的，它的变化可以用“朴（简单）”来形容。“朴（简单）”虽然微小，但天下却没有人能够操纵它。

世界上有许多人都觉得自己不快乐，都在以自己的方式寻找着快乐，然而这些人却越来越不快乐。这究竟为什么？老子认为，生活是简单的，快乐也是简单的，然而这简单的快乐却不容易得到。唯有我们用心做自己，才能触及这些简单的快乐。

人生的快乐并不像我们想象中那么复杂难觅，它其实就存在于我们喜欢做的每一件事当中，只要我们细心体会这些、真正做回我们自己，便不难从中找寻到简单的快乐。

有一只老猫整日忧心忡忡，愁眉不展，想着自己的心事，它觉得自己是世界上最不幸福的猫。有一天，它看到一只小猫正转着圈追赶自己的尾巴，玩得乐不可支。老猫问：“你怎么会这么快乐呢？”小猫说：“我的尾巴上有快乐。”

老猫回到家，也转着圈追赶自己的尾巴，果然觉得自己很快乐。老猫恍然大悟：“原来快乐全在尾巴上。”

“猫的快乐在猫尾巴上”多么深刻而简单的智慧呀！由此可见，快乐是可以制造的。我们同样也有许多这样快乐的“尾巴”，只是在纷杂的生活中，将它们遗失了而已。

如果你认为快乐是清早起来新鲜的空气，一顿丰盛的晚餐，一个真诚的问候，那么快乐就会随时来到你的身边。

曾经有过这样一个调查：“世界上谁最快乐？”

在上万个答案中，有四个答案十分精彩，它们分别是：吹着口哨欣赏自己刚刚完成作品的艺术家；给婴儿洗澡的母亲；正在沙地里堆城堡的孩子；劳累了几个小时终于救治了一位病人的外科大夫。

这些快乐其实都在我们的生活周围，除了这些，应该还有许许多多的答案，口渴时的一杯水，酷热时的一阵风……只要我们能够做回自己。

在罗马尼亚，有这样一个许多人都喜欢去的墓地。因为这墓地上有许多快乐的文字。有一块墓碑上写着一篇文章：“村中我最老，生平喜舞蹈，彼得兄弟俩，放声一起唱……你们快来看看我，像我这样都能够活到九十六，所以祝您活得比我老。”这样的墓志铭在这片墓地上很多，吸引了许多游客驻足，鲜有人迹的墓地成了游览景点，为墓地管理者始料不及。而这些快乐竟然是这些步入黄泉的农人、贫困者甚至是乞丐给世人留下的，他们活着为自己制造了快乐，死了又给世人带来了快乐。

生活中的快乐有许多种，有钱的人，可能觉得他因为有钱很快乐；有权的人，可能觉得他有权而快乐。然而哪种快乐是属于我们自己的？

我们自己的快乐，正是我们所拥有的生活——看似简单而充实的生活。

得失都是“道”

原 典

同于道者，道亦乐得之；同于德者，德亦乐得之；同于失者，失亦乐得之。

解 读

认同“道”的哲理，“道”就乐于帮助他；认同“德”，“德”就乐于帮助他；如果明白了这些，无论得失就都会是内心的快乐。

人的一生，既有火红耀眼之时，也有暗淡萧条之日，此乃世之常理，又何必患得患失？过于注重个人的得失，只会使自己变得心胸狭窄，斤斤计较。

生活中往往有这样一些人，做什么事情之前都要反复考虑，做完之后又放心不下，对方方面面都考虑得尽量周到，如有不妥，就很担心把事情办砸，担心别人对自己有看法，并且极其注重个人的得失，他们被笼罩在患得患失的阴影之中，内心被得失搅得没有一分安宁。

从前，晋国有位并不富裕的农夫不慎丢失了一头牛，可他仍像从未丢失过什么值钱的东西似的，整天乐呵呵的。旁人不解，问他为何不去寻找丢失的那头牛？农夫笑笑说：“牛是在晋国丢失的，肯定被晋国人拾到了。牛还在晋国，我何必费心去找它呢？”

孔子听说这件事后说，如把“晋国”两字去掉不是很好吗？老子感慨道，要是再把“人”字去掉就更好了！

晋国农夫没有因为自己家中丢失了一头牛而沮丧，更没有因为自家有所损失而悲伤，而是超越“物之主人为谁”之羁绊，从容而又洒脱地把自己之物推及为晋人之物，从而得出一国之内物没有得与失。此乃人生之第一境界。

孔子认为，此人的境界还有个局限，应该把自己之物推及世人之物，突破有限的国界，其境界更为宽广。此乃人生之第二境界。

老子更高一筹，他把一头牛放进大自然中，挣脱了人之束缚，让其往来无牵挂，真正回归自然。此乃人生之第三境界，也是最高境界。

人生得失是常事，有些东西失去了就永远不能再得到。面对得失，能够达到像晋国农夫那样坦然的心胸，心中会少些阴郁的云朵，透进更多的阳光。如若能像孔子所言，人世间的种种得失便随风而去，红尘中的你怎能不轻装上阵？更甚者，如老子，人生无所谓得与失，让心灵像云一样飘逸，让思绪无边际地驰骋，定会看到风光无限。

人生如白驹过隙，面对种种挫折与失败，怀着什么样的心态，就会有什么样的人生。

楚国有一个人叫支离疏，他的形体是造物主的一个杰作，或者说是造物主在心情愉快时开的一个玩笑——脖子像丝瓜，脑袋似葫芦，头垂到肚子上，双肩高耸超过头顶，颈后的发髻蓬蓬松松似雀巢，背驼得两肋几乎同大腿并列。好一个支支离离、疏疏散散的“半成品”！

然而支离疏却丝毫不为自己的尊容而伤心，相反，他感谢上苍独钟于他，平日里乐天知命，舒心顺意，日高尚卧，无拘无束，替人缝衣洗服，簸米筛糠，足以糊口度日。当君王准备打仗，在国内强行征兵时，青壮汉子如惊弓之鸟，四散逃入山中。而支离疏呢，偏偏耸肩晃脑去看热闹。他这副尊容谁要呢，所以他才那样大胆放肆。

当楚王大兴土木，准备建造王宫而摊派差役时，庶民百姓不堪骚扰，而支离疏却因形体不全而免去了劳役。每逢寒冬腊月官府开仓赈贫时，支离疏便欣然前去，领到三盅小米和十捆粗柴，仍然不愁吃不愁穿。

一个在形体上支支离离、疏疏散散的人，尚且乐天知命，以自然的心性，安享天年。那么把这支支离离、疏疏散散从而遗形忘智、大智若愚的精神运用到立身处世的方法中去，难道还不可逢凶化吉、远害全身吗？

月满则亏，水满则溢。这是世之常理。否极泰来，荣辱自古周而复始。因此，大可不必盛喜衰悲，得喜失悲。盛衰、得失自有天意。

凡人皆有七情六欲，面临得失，很少有人能泰然处之，患得患失的心情搅得本来平静的生活乱成一团糟，这又何苦呢。

有位朋友这样看待得失。他说得失就像人体内的血，缺少了就会贫血、眩晕乃至危及生命，而太多了则会引发血稠、血脂升高，同样会危及生命。

由此可见，保持一份平常心，才是面对得失的处世之道。别人得再多也是别人的，与我丝毫不相干；别人失再多也是别人的，我能帮则帮，帮不上也没必要长吁短叹。同样，我得再多也是凭能力得到的，付出自有回报，也不必因此而沾沾自喜；我失再多也只能从自身找原因，客观情形本来就是千变万化，埋怨不得别人。这样看来，问题岂不简单得多了？

心理学所说的“自我协调和自在法”，基本功夫就在于“看懂自己”。正确看待得失，不为小事计较，不莫名其妙生气哀伤，不悲天悯人，主动适应变化。

患得患失就是一味地担心得失，斤斤计较个人的得失。患得患失是人生的精神枷锁，是浮躁的一个重要表现形式。

从前有一位神射手，名叫后羿。他练就了一身百步穿杨的好本领，立射、跪射、骑射样样精通，而且箭箭都能射中靶心，几乎从来没有失过手。人们争相传颂他高超的射技，对他非常敬佩。

夏王也从左右的嘴里听说了这位神射手的本领，也目睹过后羿的表演，十分欣赏他的功夫。有一天，夏王想把后羿召入宫中来，单独给他一个人演习一番，好尽情领略他那炉火纯青的射技。

于是，夏王命人把后羿找来，带他到御花园里找了个开阔地，叫人拿来一块一尺见方、靶心直径大约一寸的兽皮箭靶，用手指着说："今天请先生来，是想请你展示一下您精湛的本领，这个箭靶就是你的目标。为了使这次表演不至于因为没有彩头而沉闷乏味，我来给你定个赏罚规则：如果射中了的话，我就赏赐给你黄金万两；如果射不中，那就要削减你一千户的封地。现在请先生开始吧。"

后羿听了夏王的话，一言不发，面色变得凝重起来。他慢慢走到离箭靶一百步的地方，脚步显得相当沉重。然后，后羿取出一支箭搭上弓弦，摆好姿势，拉开弓开始瞄准。

想到自己这一箭出去可能发生的结果，一向镇定的后羿呼吸变得急促起来，拉弓的手也微微发抖，瞄了几次都没有把箭射出去。后羿终于下定决心松开了弦，箭应声而出，"啪"地一声钉在离靶心足有几寸远的地方。后羿脸色一下子白了，他再次弯弓搭箭，精神却更加不集中了，射出的箭也偏得更加离谱。

后羿收拾弓箭，勉强赔笑向夏王告辞，悻悻地离开了王宫。夏王在失望的同时掩饰不住心头的疑惑，就问手下道："这个神箭手后羿平时射起箭来百发百中，为什么今天跟他定下了赏罚规则，他就大失水准了呢？"

手下解释说："后羿平日射箭，不过是一般练习，在一颗平常心之下，水平自然可以正常发挥。可是今天他射出的成绩直接关系到他的切身利益，叫他怎能静下心来充分施展技术呢？看来一个人只有真正把赏罚置之度外，才能成为当之无愧的神箭手啊！"

得而不喜，失而不忧，在大得大失面前，若始终保持一份淡然的心境，那么这一生必定活得更从容。

无“患”即无忧

原典

吾所以有大患者，为吾有身，及吾无身，吾有何患？

解读

我之所以寝食难安是因为总是惦记自身的荣辱得失，如果把这一切都抛开，还有什么能挡住我的快乐？

在这里，老子剖析了自己不快乐不幸福的原因，那就是看不透时间的纷纷扰扰、熙熙攘攘。“及吾无身，吾有何患？”这是一种感叹，但更多的是一份看破人世后的宁静。月的阴晴圆缺是客观规律，是自然而然就发生的转变。人的悲欢离合，顺逆穷通，如同皓月一样，也是自然的。要是能洞悉了然这样的变化，自能“不以物喜，不以己悲”。这份超然，就是豁达的真正原因。

不管身处顺境逆境，只要你心胸开阔，心境平和，那么你就能够不被环境变化而影响，只觉日日是好日，四季都是好时节，始终拥有快乐。

一个月皎风清的夜晚，云门交偃禅师把弟子们召集在一起讲法，他问道：

“十五日以前不问汝，十五日以后道将一句来！”

弟子们听了面面相觑，他便自己代答说：“日日是好日。”

这段公案非常有名，翻译成白话就是说：“开悟以前的事我不问你们了，开悟以后的情境，你们试着用一句话说来听听！”学生们正在想的时候，他自己就说：“天天都是好日子呀！”

“日日是好日”最能体现禅者的境界，宋朝的无门慧开禅师，曾经专门为云门的这句“日日是好日”，写下一首传诵千古的禅偈：“春有百花秋有月，夏有凉风冬有雪，若无嫌事挂心头，便是人间好时节。”四季如是来，如是去，我们若能真心体悟到它们的殊胜情趣和景致，自能得到一番自在和逍遥。

但是，世俗的人们往往因为“嫌情”——分别心、取舍心，而产生种种挂碍和计量。因为分别心而有对立，因为对立而有取舍，因为取舍而有矛盾，种种烦恼和痛苦也就在所难免了。

所以，只有从自性、自心的反照去克服分别、取舍的嫌心，深入地去体会身边各个不同的世界和境遇；心胸既开，何日不是好日呢？

对于觉悟生命的人而言，万象皆为虚空，一切的江月松风，雾露云霞只是自然的情景，一切的横逆苦厄也不过是阴雨黄昏而已，所以对“日子”能有什么破坏呢？当我们有一个巨大的花园时，几朵玫瑰花的兴衰，又有什么相干呢？

宋代理学家邵雍初到洛阳时，生活非常窘迫，曾住在一间极其简陋的草房里，不足以挡风遮雨；同时，他还要每天砍柴烧饭侍奉父母。为了生活，他每天不得不干很多活，每年耕种庄稼的所得，仅能换取衣食让父母与自己勉强度日。

生活虽然清苦，但他却能乐在其中，还把自己的住处称为“安乐窝”，自号安乐先生。有地方住，有饭吃，双亲俱在，可以共享天伦，还有什么比这个更令人快乐呢？

春秋宜人时节，把家里安顿好，他还会外出游历，走到哪里就把快乐带到哪里，所到之处人们都争相迎候，并高兴地说：“安乐先生给我们带来快乐了噢！”

其实，只要心境明朗，自为自乐，每天都会是个好日子，有了这种心态，人生还有什么能够将他困住的呢？一箪食，一瓢饮，也是一种自在自得。

有一个老渔夫给自己设定了一个目标，每天捕到鱼儿能换到30元就收工。然后在家里吹笛子、斗斗鸡、下下棋或者和孩子们一起玩陀螺、放风筝。

有一天，他的一位刚读完工商管理硕士学位的外甥来访。这位硕士对舅舅的作业与生活方式很是纳闷。他便提议道：“舅舅，为什么您不向银行贷款，买艘先进的船与先进的捕鱼工具到较远的深海处多捕些鱼儿呢？”

渔夫听了有些莫名其妙。于是，这位硕士外甥继续解释道：“这样，您就可以储蓄，等到有了足够的钱，就可无忧无虑去享受您自己想要过的生活，那该多好呀！”

渔夫听了外甥的一番大道理后，放声大笑，继而说道：“你的意思是要我放下现有的生活方式，更勤快点，赚更多的钱后再来过这样的生活吗？”

外甥愕然……

对老渔夫来说，这样的生活就已经很满足了，他每天都过得很快乐。还有什么比这个更重要的呢？何必放弃自己现在的好日子去追求以后所谓的好日子呢？这份豁达实在令人羡慕！

面对苦短的人生，豁达的人不会长吁短叹，反而要长啸一句“尽吸西江，细斟北斗，万象为宾客。扣舷独啸，不知今夕何夕。”于穷厄时不会怨天尤人，反而安贫乐道，如刘禹锡的“斯是陋室，唯吾德馨”。于贬谪时不会失意落魄，反而“在其位，谋划其政”，尽心为公，如滕子京“谪守巴陵郡。越明年，政通人和，百废俱兴，乃重修岳阳楼，增其旧制。”于遭谤时，不会忙于辩解，反而扪心自省，坦然面对，如欧阳公被谤，依旧井井有条地处理政务。于疾患时不会消极悲观，反而暂作偷闲，安心养病，如郑獬“病来翻喜此心闲，心在浮云去住间。”

豁达之人，能在逆境中安心。这份安心，不是消极待命。真正的安心，是积极的，是愈挫愈勇的，是永远奋进的。“天行健，君子以自强不息”，豁达之人，必也是自强不息之人。

豁达的风貌令人向往。要达到这样的境地，实在是困难的。这其中虽然有一点性格的因素，但更多的是来源于“看破”，而不是消极的“看开”“暂忘”，甚至是破罐破摔的“无所谓”。看破是一种“世事洞明，人情练达”的明悟，是对人情世故变化规律的明了，是对人生和社会的通透理解。

要获得人生的快乐其实没什么秘诀可寻，只要放开心胸，便处处是福地、夜夜是良宵了。

迎难而上，不畏风雨

原典

强行者有志。

解读

行事遇困境而能不畏艰险的人，是有志气的人。

老子并非是一个不积极的人，他认为“强行者有志”——在遇到艰难困苦时，一定要不畏艰苦，做到这一点才是有志气的人。

事实上，在很多生活小事上，我们都在实践着老子的这一智慧——你不会因为打开报纸发现每天都有车祸就不敢出门；你不会因为禽畜身上存在着各种病菌而成为素食主义者；你同样不会因为离婚率居高不下而拒绝恋爱、结婚……

想要成就大事，就必须具备老子“迎难而上、不畏风雨”的智慧。

1796年，年仅27岁的拿破仑率领六万人的军队进入意大利阻击对手，但法国和意大利之间是那正处于冬季覆盖着皑皑白雪的阿尔卑斯山，六万人在几乎没有路的情况下排成了一条20英里的长蛇阵，一旦来到看似无路可走的峭壁时，拿破仑就命人吹起冲锋号，每个人都筋疲力尽，但队伍却在不停地前进，很快翻过阿尔卑斯山，击溃了对手。从此这个世界的历史上就多了一句“我的字典里没有‘不可能’这三个字”的名言，多了一位身高1.65米却敢说自己比阿尔卑斯山还高的皇帝。

一个人遇到困难的事情，或者退让，或者挺进，这两种不同的选择自然导致了不同的结果。有些人有一股韧劲，对待自己认准的事，大胆而果敢地去做，这叫气魄。敢于大胆去做的人常说：“我总有机会！”失败者的借口是：“我没有机会！”失败者常常说，他们之所以失败是因为缺少机会，是因为没有成功者垂青，好位置就只好让别人捷足先登，等不到他去竞争。

可是有眼力的人绝不会找这样的借口，他们不等待机会，也不向亲友们哀求，而是靠自己的努力去创造机会。他们深知，唯有自己才能给自己创造机会。

亚历山大在某一次战斗胜利后，有人问他，是否等待机会来临再去进攻另一个城市，亚历山大听了这话，竟大发雷霆，他说：“机会？机会是要靠我们自己创造出来的。”创造机会，便是亚历山大伟大的原因。因此，唯有去创造机会的人，才能建立轰轰烈烈的丰功伟绩。

如果一个人做一件事情总要等待机会，那是极危险的。一切努力和热望，都可能因等待机会而付诸东流，而那机会最终也不可得。

有人认为，机会是打开成功大门的钥匙，一旦有了机会，便能稳操胜券，走向成功，然而机会并不是等来的，也不是从众多事情中“挑拣”来的，而是在克服困难、迎难而上中收获的。

爱迪生发明灯泡之前他失败了很多次，当他用了一千多种材料做灯丝的时候，助手对他说：“你已经失败了一千多次了，成功已经变得渺茫，还是放弃吧！”但爱迪生却说：“到现在我的收获还不错，起码我发现有一千多种材料不能做灯丝。”最后，他经过了六千多次的实验终于成功了。

我们可以试想一下，如果爱迪生因为这上千次的失败而放弃了后面的试验，电灯不能说发明不出来，但至少要推迟一些时候，人们也将在“黑暗”中多挣扎一段时间。

如果将爱迪生的每次试验失败都算成一次挫折，那么，爱迪生发明电灯也就是遇上了六千多次的挫折，这个数目无疑是惊人的。由此可见，爱迪生的毅力更惊人！爱迪生的这种毅力，与老子“强行者有志”这一智慧异曲同工。

人生就像一条曲折而多石子的道路。因为它是曲折的，所以常使人感到无奈；因为它多石，所以常令人跌倒。若想走好这条路，就必须拥有一个迎难而上、不怕困难的信念，让它支撑着我们披荆斩棘，迎接人生一个又一个的成功。

生于忧患，死于安乐

原 典

重为轻根，静为躁君。是以圣人终日行不离辎重。

解 读

慎重是大意的控制者，淡定是浮躁的制服者。所以圣人行事处处有备，即便光彩夺目，也从不敢养尊处优。

老子认为，许多人惹祸的原因是麻痹大意，没有忧患意识。此后的孟子在这一智慧上也提出了“生于忧患，死于安乐”的观点（《孟子·告子下》）。可见，一个人要想成就大事，就不能让自己的生活太过于安逸。

人们都知道，在温室里长成的花是经不起风吹日晒的。人也是如此，在安逸的生活环境中，很难培养克服困难，摆脱逆境的能力，会在困难面前束手无策，遇挫折、逆境则消沉绝望，往往导致失败，这也是“富家多败儿”的原因之一。“宝剑锋从磨砺出，梅花香自苦寒来”，只有经历过忧患和磨难，才能逐渐迈向成功。在年轻的时候，多把自己放在逆境中，不仅会磨炼敲打出许多美好的品性，也能增强生活的能力，扩展视野，掌握很多技能。

为了避免“死于安乐”，人们在平时就应该养成一种生活紧迫感，只有这样才能产生不断进取的力量。

人们都知道勾践卧薪尝胆成为霸主的故事，然而很少有人知道勾践为什么之前被夫差打败并为奴三年的原因，其实夫差之所以能打败勾践，正是得益于他当时生于忧患之中——

公元前496年越王允常死，其子勾践继位，吴国起兵攻越。吴越两军战于槜李(今浙江嘉兴南)。吴国的军队阵列整齐严肃，越王勾践派敢死队冲锋失败，就改用罪人在阵前集体自杀，吸引吴军的注意力，然后偷袭吴军，越将灵姑浮挥戈刺伤吴王阖闾，吴军败退，阖闾死于途中，其子夫差继位。

夫差为报父仇，派专人侍立宫门，每逢夫差出入，便发问："夫差，越王杀害你父亲的仇恨你忘掉了吗？"

夫差则回答："不敢忘！"终于在公元前497年，吴在夫椒(今江苏吴县西南太湖中)大败越军，迫使越国臣服，并让越王勾践到吴为奴三年。

公元前485年，夫差在黄池(今河南封丘西南)会盟诸侯，击败晋而成为霸主。

"死于安乐"的例子更是举不胜举，从下面一则寓言中不难发现"死于安乐"的原因。

在一个奇冷的冬夜，富有的赵员外和有学问的陈老夫子正在家中赏乐，忽有一乞丐来行乞，而且自称不怕冷，只是饿了。赵员外给他吃饱之后，想看看乞丐到底怕不怕冷，于是与乞丐打了个赌——乞丐只要在员外院里的歪脖树下呆上一夜而不被冻死，就可赢得五百亩良田，一套豪宅和一家当铺。当晚，乞丐不停地打太极、练武术，最终挨到了东方现出一缕红色的曙光，他赌赢了。乞丐因此发了财，娶了娇妻，也成了一位员外。

三年后，又是一个寒冷的冬夜，"乞丐员外"夫妇来赵员外家做客，陈老夫子作陪。赵员外说："你现在也是员外了，不过还不如我富，你敢不敢再赌一次，赌注还是和原来一样。你若是再赢了，就比我富了，而且是全城首富。想不想再赌一回？”“乞丐员外”本来不想再赌，但“乞丐员外”的娇妻禁不住“全城首富”的诱惑，对他撒娇不止，终于双方签下生死文书再赌一回。

“乞丐员外”还想再像三年前那样打太极练武术，但发现自己步伐已乱，四肢不灵，全没了“天人合一”的能力，最后终于被冻死了。陈老夫子对赵员外总结说：“他以前能赢你，是因为他原本就饥寒交迫，所以抗冻能力强；现在他和你一样了，吃好的、穿好的，活动少，锻炼少，每天生活在安逸之中，抗冻能力自然就降低了，所以在同样的条件下却被冻死了。”

顺利的境遇，优越的地位，富足的资财、舒适的生活，似乎应该是个人、家庭以至民族发展的有利条件。然而事实并非如此——满清的八旗子弟就是最好的例子，这个马背上的民族曾是骁勇剽悍的，但成了统治阶层后，不过几代，八旗子弟就沉醉于安乐享受之中，清朝的灭亡也随之来临。

遵循“生于忧患，死于安乐”的智慧，我们便不难找到一种生活之道、成功之道！

关键时刻不要走错路

原典

故建言有之：明道若昧，进道若退，夷道若类。

解读

所以有人说，真正清楚明白的“道”在愚昧的人看起来似乎是晦暗不清的；最高畅通无阻的“道”在愚昧的人看来却是最闭销不通的；最宽阔平坦的“道”在愚昧的人看来却是最崎岖坎坷的。

明白了大道就抛弃了小聪明，在只有着小聪明的人眼中看来反而是糊涂了；走上了歧途还以为自己是走在正道上，那是因为从未真正体会到正道的存在，或者说从来就没接触到那个境界的边缘。最完美的美德就是虚怀若谷，只有这样才能海纳百川，然而人们往往并不这样认为，他们只要有一杯水就以为自己得了大智慧，只要有了一块石头就以为自己拥有了天下。

在这种情况下，人们往往走不出自己的路，前途在他们眼中迷茫，歧途甚多，有时候循着自然大道才走了没多久，被旁边有小聪明的人说上几句，就以为自己走错了路，慌慌张张地改道而行，殊不知这才是歧路。

因为看起来通往“道”的路是如此崎岖不平，而且晦暗不清，所以人们觉得走这种路是太艰险了，可是风光往往只有在险峰上才可以领略。

北宋真宗时，契丹人入侵宋国，告急的文书连连发到朝廷，却都被宰相寇准给扣下了，不让真宗皇帝知道。

真宗在别处听说这个消息，非常着急，就向寇准问讯。寇准说：“大敌当前，如果有拼死的决心，任何妙计都是无用的。我请求皇上御驾亲征，为将士们击鼓打气。”

真宗害怕了，说：“我贵为天子，怎么能以身犯险呢？除非你能保证我的绝对安全，否则就是对我的不忠。”

寇准说：“如今敌军气势正盛，我军连连失地，这种局面必须改变。皇上虽然冒些凶险，但只有这样才能鼓舞将士们的士气，挽回颓势。我想敌军万万预想不到皇上会亲自上阵，他们一定会十分恐慌的。”

真宗被寇准劝服，勉强出征。走到南城的时候，随行的大臣又劝真宗回去，他们说：“契丹的兵力强大，皇上为什么要和他们硬拼呢？不如迁都到南方，以后再作打算。”

寇准舌战群臣，坚持请真宗到澶州督战。他说：“成就大业，就不能回避风险，以求安稳。现在契丹势在灭我大宋，我们如果退让，那么就会一败涂地不可收拾。”

真宗犹豫不决，寇准于是把负责军事的武将高琼找来，对他说：“国家危难，皇上决心难下，还请你去劝谏皇上不要后退。如今人心不稳，这也是你们武将为国报效的时候了。”

高琼便去面见真宗，说：“兵来将挡，水来土掩，这是很自然的事，皇上不该听信南迁的话。皇上带领我们杀敌，军心一定大振，我军一定会大胜的。”

有了武将的保证，真宗终于安心了一些，于是亲临澶州督战，全体将士奔走相告，士气大振。契丹人果然胆怯起来，不敢进攻了。

最后，双方签订了“澶渊之盟”，大宋北方的一些领土得到了保全。

寇准力主真宗涉险亲征，这在大多数人眼里都是一条不可取的路，然而正因如此才避免了宋朝亡国的命运。人们不愿冒险走自己认为是不清楚的路，这是因为他们不知道，有时候只有那些他们认为不安全的路才是真正合乎“道”的，是顺应事物发展趋势的正确之路。在这一点上，只有像寇准这样的有远见的人才能坚持正确方向。

在面临紧要关头的时候，因为人们缺乏远见，更加不容易看清前途，这种时候尤其容易选错了路。

公元979年初，宋太宗御驾亲征北汉，北汉主刘继元走投无路，只好投降。面对这巨大的胜利，宋太宗心花怒放，难以自持，他不顾兵疲财缺的现状，主张乘胜伐辽，收回被辽占据的燕云十六州。

宋朝大将潘美反对此议，他对宋太宗恳切地说：“我军大胜，此刻也不能志得意满，轻敌冒进。眼下尚需稳定形势，巩固胜果，士卒也需要休整。”

但是宋太宗求胜心切，坚持大举北进，快到高梁河时，宋军遭到辽军的伏击，损失惨重，宋太宗一时也不知去向。

当时，宋太祖赵匡胤的长子、武功郡王赵德昭也随宋太宗亲征，他手下的将领猜测宋太宗不是被杀就是被俘了，于是私下商议立赵德昭为帝。众人讨论过后，就去劝说赵德昭：“皇上失踪，想必已经蒙难。如今军心不稳，大敌当前，郡王如不当机立断，承继大统，恐怕变乱不止。恭请郡王速即帝位，以此平定军心，号召天下。”

赵德昭面对众将拥立，一时心动。本来宋太祖赵匡胤去世时没将皇位传给儿子赵德昭，却是传给了弟弟赵匡义，就让赵德昭很是郁闷。但是后来他为了避免宋太宗的猜忌，就处处表现得恭敬，丝毫也不敢表现出自己的怨尤，这才君臣相安无事。此时面对众将的拥立，在最初的欣喜过后，他开始考虑这件事关系太大，万不可因贪图帝位而犯下致命之祸。虽然在众人看来，此刻走上帝位是顺理成章之事，但如果太宗并未蒙难，一旦回来看到他轻率即位，必然不会放过他，到时候大难就要临头了。

于是他故作愤怒之状说：“皇上生死未明，大敌在侧，尔等不思报国杀敌，却在这里胡言乱语，动摇军心，这是忠臣所为吗？我为皇上臣子，誓死效忠皇上，岂能受你们的唆使，干下这等大逆不道之事？你们真是昏了头了！”

众将面面相觑，口中只好自称有罪，但是心里未免异样。

为了安抚他们，赵德昭又低声说：“你们的好意我心领了，可是荣辱之事，岂可操之过急？再说赵氏江山谁做皇帝都是一样，我岂能趁皇上危难而行其私呢？倘若皇上真的遭遇不幸，为了宋室江山，我还是不会令各位失望的。”

众将皆服其义。第二天早上，宋太宗被杨业父子救回，安然无恙，众将又深服赵德昭的慎重了。

在不同情况下看来，同样的路表现的状况也是不一样的。当天还是光明一片，第二天就变成了灾祸之源。因此在选择该走哪一条路的时候不可不慎重，尤其应该带有一双睿智的眼睛，顺应大道，不可逆道而行。

世俗的看法不一定就是对的

原 典

正言若反。

解 读

正面的东西表现出来的现象就像有其反面一样。

所谓“正言若反”，是老子辩证思维理论体系中的一个重要环节，也是老子的一个基本观点和思维表达方式，表现了老子逻辑思想的特色。黑格尔在评论赫拉克利特的辩证思维时曾说：“理性在他物中认识到此物，认识到在此物中包含着此物的对方。”老子的辩证思维也体现了这个思想。

老子概括出，在事物的发展变化中，有时候条件与结果、目的与手段乍看是相反的，而实际是一致的。这对缺乏辩证思维的人来说，似乎是悖谬之论，但是无数的实践证明了这是真理。而且这种真理是我们每一个人应该都能体会到的，只是大多数人从未思考过这类问题。

作为老子思想的继承和发扬者，庄子在自己的著作中也表现出了和老子一致的辩证思维方式，唐注释家陆德明在《经典释文序录》就曾说庄子是“辞趣华深，正言若反”。例如在《庄子·秋水》中，说风蓬蓬然起于北海而入于南海，以手指挡之，风不能折指，指却能胜于风，以足踏之，风不能折足，足却能胜于风，然而风能折断大树，掀翻大屋，这就是以众小不胜为大胜。从许多局部说，是小不胜，但积聚许多局部的小不胜却能够整体上大胜。表面上看这是一个悖论式的语句，实际上是巧妙地表达了局部和整体相反相成的辩证性质。

而在《庄子·山木》中则说“君子之交淡若水，小人之交甘若醴，君子淡以亲，小人甘以绝。”君子的交往是出于志同道合，虽在物质利益上淡薄如水，感情上却能够亲密无间。小人的交往是出于蝇头小利，虽在物质利益上美如甜酒、却会在感精上导致决襄断绝。这是庄子总结的交友之道，其表达形式也是正言若反。

老庄“正言若反”的辩证思维方法与表达形式在现代仍有着巨大的生命力，对现代人的生活有着深切启示，值得仔细品味。

在生活中，可能我们时常觉得生活像是在和我们唱反调，想达到的目的总是达不到，想得到的东西总是得不到，似乎总是在遭遇挫折和失败，所以人说“世上不如意事十之八九”。就如老子所说“正言若反”，儒家的孟子也说过：“天降大任于斯人也，必先苦其心志，劳其筋骨，饿其体肤，空乏其身，行拂乱其所为……”同样是靠着“反面”的艰难而达到正面的“动心忍性，增益其所不能”。可见那些让我们感到挫折的反面的环境是为了增加我们面对困难的韧性。

有许多人正是因为经历过反面的逆境，然后才体会到正途何在。

司马迁的父亲名谈，是一位太史令，“掌握秘籍，职司记载”，博学天文、史事，通晓诸子学术。司马迁从小受到良好的熏陶，10岁时，他随父来到长安，诵读圣贤之书，有机会接触到许多珍贵文化历史资料。20岁以后，司马迁开始周游各地名山大川，他游历淮河、长江一带，深入乡野，探访古迹，采集传说，考察风土人情。

他曾到过刘邦起兵的沛县等地，访问过萧何、曹参、樊哙、滕公等人的故家，了解了他们的一些事迹。他曾登上会稽山，去寻找民间传说已久的禹穴。为了勘察舜帝所葬的地方，他又登上九嶷山。他考察过屈原的遗迹，参观了孔子的“庙堂车服礼器”，瞻仰过信陵君门客侯嬴曾经看过的夷门。他“读万卷书，行万里路”，增长了不少的知识，更重要的是接近下层人民，了解人民的疾苦，为后来写《史记》积累了大量资料。

司马谈死后三年，司马迁继任当了太史令。在他42岁的时候，开始了《史记》的著述。

在公元前99年，司马迁因替李陵辩冤而遭大祸，司马迁在狱中受到奇耻大辱，本想“引决自裁”，但为了完成《史记》，他不得不“隐忍苛活”下来。在狱中他想起以前周文王被商纣王囚禁的时候，曾推衍出《周易》的卦爻。他想起了孔子在陈、蔡二国遭到困厄，而作《春秋》，屈原放逐江南而作《离骚》，鲁史官左丘明双目失明而编撰《国语》，孙膑受到髌刑而作《兵法》……这一切给了司马迁极大的鼓舞。在狱中他效法这些不朽的名家，发奋而作，为了完成自己的宏伟心愿，忍辱含垢，发奋著述，终于在公元前92年，以极大的毅力和雄深雅健的文笔，完成了不朽的历史巨著《史记》。

司马迁写《史记》的过程，说明了一个人在困境面前要学会忍耐，从而才能更加坚毅。这便是一种“正言若反”的方式，所以当我们觉得环境不顺，期望和事实背道而驰的时候，要知道这是在借助环境造就自己的机会。

《论语·雍也》中说颜回“一箪食，一瓢饮，在陋巷，人不堪其忧，回也不改其乐”，这体现了颜回安贫乐道的品格。一个人之所以能够安贫乐道，首先是因为他已经窥知了“道”的妙处，既然体会了“道”的境界，那么世俗的贫困又怎么能够困住他那颗快乐而安然的心呢？

正言若反，在世人眼中看到的贫困生活，不一定就是真正的不安乐，这个道理只有真正身临其境的人才能够细心体会了。

生时不留遗憾

原典

出生入死。生之徒十有三，死之徒十有三，人之生，动之死地，十有三，夫何故？以其生生之厚。

解读

人出世为生，入地为死。长寿的人占十分之三，短命的人占十分之三，本来可以长生但自己走向死路的人占十分之三，为什么会这样呢？因为对生活执著过度了。

生和死是个很沉重的话题，生带给我们喜悦，死带给我们阴郁，不论如何，我们都无法避开死，它总会在一个我们无法预料的瞬间降临在我们头上。既然如此，我们就该善自珍重，努力享受生命，这样在死亡到来时也就不会有任何遗憾了。

人经历世间数十年的寒暑岁月，终究会有老病死亡的一天，很多人面临死亡，常常是不甘愿、不放心地离开。因为他还有志愿没有实现，还有事业没有完成，还有恩惠来不及报答，还有善事功德不尽圆满。

他们感觉自己对于世间亏欠很多，可是无常一到，由不得人拖延一刻，最后迫于无奈，只有把种种的歉疚和惭愧带进棺材里。因此，一个人在世间，该担负的责任要一肩挑起；受别人的滴水恩德要及时回报；需要忏悔认错的事，更不要推诿粉饰；需表达沟通情感，何必吝于开口呢？心头摒除闲事牵绊，自在洒脱地走一回人间。

不要把歉疚带到棺材里，让我们重新反思生命的价值，今生要留下什么在人间呢？贪欲还是施舍？憎恨还是宽恕？斗争还是和平？索求还是奉献？

平常，死亡对我们而言像梦一般遥远，我们总想：怎么会呢？但事实上那是每个人终有一天都会面对的现实，即使最爱的人也要被迫分离，被迫抛弃已有的财产、地位，终究要到另一个世界去的。浑然不觉的我们总是生气蓬勃地度过或哭或笑的一生。

有一个少年，他患了一种肌肉萎缩的难治病症，医生已经宣告来日不多。他不但接受这个死亡宣告，并正视直逼而来的死亡。对其不多的人生，他认为应该留下“我确实已来过一遭”的证明，所以每天拼命地作诗。

我们也许认为死亡是几十年以后的事，或者认为是马上要面临的事，此二种想法不同，生活态度亦随之差距甚大。

倘若我们认为死亡是很久以后的事，则不会慌慌张张地急着要把活着时该做的事做完。但如果死亡迫在眼前，则必会将所剩短暂的时日区分清楚，好好地把握。

日本的上智大学精神科教授小术贞孝曾走访全日本的监狱，他获得一个惊人的结果，那就是死刑犯和无期徒刑犯之间，想法与态度有很大的差别。

死刑犯中有人一晚可作出20句甚至30句的俳句，或者读完一本深奥难懂的书，或者给同一位女性写了300封之多的信等等，每人都显出自己精力最旺盛的一面。

相反，无期徒刑囚犯则对任何事都提不起兴趣，简直毫无气力、毫无感觉。

仔细想想看，我们每夜不都在“死亡”的状态中吗？睡眠是一种假死状态，只不过确知第二天早晨会醒过来，方能安心入睡罢了。谁都无法保证明天一定还会活着，所以不妨将今天视为生命的最后一天那样去珍惜。

日休禅师曾经说过：“人生只有三天，活在昨天的人迷惑，活在明天的人等待，只有活在今天最踏实。”但是他又告诫人们：“今天，你别走得太快，否则，将会错过一路的好风景！”

现代人看起来实在太忙了，许多人在这忙碌的世界上过活，手脚不停，一刻不得空闲，生命一直往前赶；他们没有时间停一停，看一看，结果，使这原本丰富美丽的世界变得空无一物，只剩下分秒的匆忙、紧张和一生的奔波、劳累。

一天，一位年轻有为的总裁，以比较快的车速，开着他新买的车经过住宅区的巷道。他时刻小心在路边游戏的孩子会突然跑到路中央，所以当他觉得小孩子快跑出来时，就会减慢车速，以免撞人。

就在他的车经过一群小朋友身边的时候，一个小朋友丢了一块砖头打到了他的车门，他很生气地踩了刹车后并退到砖头丢出来的地方。他跳出车，用力地抓住那个丢砖头的小孩，并把他顶在车门上说：“你为什么这样做，你知道你刚刚做了什么吗？真是个可恶的家伙！”接着又吼道：“你知不知道你要赔多少钱来修理这辆新车，你到底为什么要这样做？”

小孩子央求着说：“先生，对不起，我不知道我还能怎么办？我丢砖块是因为没有人肯把车子停下来。”他边说边流下了眼泪。

他接着说：“因为我哥哥从轮椅上摔了下来，我一个人没有办法把他抬回去。您可以帮我把他抬回去吗？他受伤了，而且他太重了我抱不动。”

这些话让这位年轻有为的总裁深受触动，他抱起男孩受伤的哥哥，帮他坐回轮椅。并拿出手帕擦拭他哥哥的伤口，以确定他哥哥没有什么大问题。

那个小男孩万分感激地说：“谢谢您，先生，上帝会保佑您的！”

年轻的总裁慢慢地、慢慢地走回车上，他决定不修它了。他要让那个凹坑时时提醒自己，“不要等周遭的人丢砖头过来了，才注意到生命的脚步已走得太快。”

当生命想与你的心灵窃窃私语时，若你没有时间，你应该有两种选择：倾听你心灵的声音或让砖头来砸你、提醒你！

有一位老人，年轻的时候，每天都工作超时，拼命地赚钱。节假日，同事们带孩子度假，他却到小贩朋友的店铺帮忙，以赚取额外收入。原本计划在还完房屋贷款后，便带孩子们到临近的泰国玩玩。可是，三个孩子慢慢长大，学费、生活费也越来越高。于是他更不敢随意花钱，便搁下游玩一事。

大儿子大学毕业典礼后一个星期，夫妻俩打算到日本去探亲。可是，在起程前两天的早晨，醒来时，他突然发现枕边的老伴心脏病发作，一命归天了。

这是怎样的遗憾？你是否也因为生活太快、大忙碌而忽略了你所爱的人呢？

把今天当成是生命的最后一天吧，与其在死前惦念未尽的一切，何不在生时就做到让自己无憾！

顺其自然事事顺

原典

治大国，若烹小鲜。

解读

治理国家之道与烹调小鱼之道可以共通比拟。

小鱼体小而脆弱，所以烹调的时候不能用力太猛，也不能随意翻动，须小火慢烹，多加观察，细心调制，办事情也是同样的道理，你必须顺其自然，不能违反规律蛮干，否则事情也一定办不好。

有一位客人去侯子家访问，送了他一只獐子。侯子问："獐子可以驯化吗？"客人回答他说："在太平盛世里，野兽都可以成群地出游，你难道不相信吗？为什么獐子不可以驯养呢？"侯子说："对呀，我试试看吧。"

侯子为獐子造了间房子，开始驯养它。獐子的情绪很不稳定。它一会儿低声呦呦地叫，叫过之后，就静静地呆在那里，一动不动，好像在思念什么；一会儿又嗥嗥地大叫，显得很是悲凉。到了晚上，獐子不愿被囚禁在房子里，常常用头去撞门。如果有人走近去看它，它就惊恐万状地在角落里缩成一团，一动不动地盯着来人。獐子虽然在这些方面表现得与人很相似，但还是难以将它的野性驯化。

仲皂王子听说了这件事，就去对侯子说：“你显然不善于驯养獐子，为什么不把它交给我来驯养呢？”

侯子回答说：“你的院子里面有两条狗，大的像西旅氏的猛狗，小的也是韩之卢的后代，十分勇猛。如果獐子被这两条恶狗吃掉了，那可怎么办呢？”

王子听了哈哈大笑，说道：“你不但不善于驯养獐子，而且也不了解我的两条狗。我将会引着獐子去见那两条狗，然后逐渐让它们在一起吃食，逐渐让它们晚上同住一个地方，逐渐使它们成为好友，而且还要让它们的关系日益亲善。我既然驯养獐子，当然只会使它的生活更安定，怎么会去伤害它呢？”

侯子听了这话，觉得有点道理，但还是嘱咐说：“尽管如此，你还是派小童子看着点，用绳子把獐子拴起来，别让狗太接近它。”

王子听罢沉思了一会没有说话。就这样，獐子就让这位王子带回去了。

过了三天，王子派人带话过来给侯子说：“我已经不让童子看獐子了。我的那两条狗，看上去也很平静、安宁，不像是想侵犯獐子的样子。”

又过了三天，王子又派人告诉侯子说：“现在我已经把绳子解开了，我的那两条狗，也能与獐子和睦相处，很是亲热。虽然獐子还是存有戒心，但我相信很快就会好起来的。”

又过了三天，王子再次派人送来消息：“獐子已经消除了戒心，与我的两条狗真的是亲密无间了。”

又过了三天，西旅氏狗却趁獐子熟睡的时候，咬住了它的喉咙，韩之卢狗也上去咬住它的两肋，獐子就这样被咬死了。

愚蠢的仲皂王子不顾獐子和狗本是天敌，硬要逼它们相亲相爱，当然会造成可怕的后果。

顺其自然，可以使事情变得容易，而且又符合自然规律。

从前，有位樵夫生性愚钝，有一天他上山砍柴，不经意间看见一只从未见过的动物。于是，他上前问：“你到底是谁？”

那只动物开口说：“我叫‘领悟’。”

这时，樵夫心想：“我现在就是缺少‘领悟’啊！把它捉回去算了！”

这时，“领悟”就说：“你现在想捉我吗？”

樵夫吓了一跳：我心里想的事它都知道！那么，我不妨装出一副满不在意的模样，趁它不注意时赶紧捉住它！

结果“领悟”又对他说：“你现在又想装成不在意的模样来骗我，等我不注意时，将我捉住。”

樵夫的心事都被“领悟”看穿，所以就很生气：真是可恶！为什么它都能知道我在想什么呢？

谁知，这种想法马上又被“领悟”发现。

它又开口：“你因为没有捉住我而生气吧！”

于是，樵夫从内心检讨：我应该把它忘记，专心砍柴。

樵夫想到这里，就挥起斧头，用心地砍柴。

一不小心，斧头掉下来，却意外地砸在“领悟”上面，“领悟”立刻被樵夫捉住了。

人们做事一定要学会顺其自然。违背规律去办事，就会步步艰难，而学会顺应规律，就会得心应手，一路坦途。

不必烦恼，办法总比困难多

原 典

大道废，有仁义；智慧出，有大伪；六亲不和，有孝慈；国家昏乱，有忠臣。

解 读

大道毁坏之后，才产生仁义。智巧出现之后，才产生虚伪。六亲不和之后，才产生孝慈。国家昏乱之后，才产生忠臣。

忧愁和烦恼通常会使人的情绪波动，让原本能够做好的事情都无法做好。老子面对这种情况提出了“大道废，有仁义；智慧出，有大伪；六亲不和，有孝慈；国家昏乱，有忠臣。”的观点。在老子看来，任何困难都不必过于烦恼，总会找到办法去解决。

美国成功学家格兰特纳说过这样一段话：如果你有自己系鞋带的能力，你就有上天摘星星的机会！一个人对待生活、工作的态度，是决定他能否做好事情的关键。很多人在工作中寻找各种各样的借口抱怨命运对自己的不公，然而这一切并不能换来所谓的公正。唯有用平静的心态去面对生活中的种种境遇，才能去除生活中的烦恼、解决那些看似无解的难题。

一个小男孩晚上与家人一起玩牌，连续几次抓的牌都很差，结果全输了，于是，他开始抱怨自己手气不佳、运气不好。这时，男孩的母亲突然停止了玩牌，她严肃地对小男孩说："无论你手中的牌怎样，你都必须接受它，并尽最大努力玩好自己的牌！"小男孩望着母亲那严肃认真的面孔，愣了愣神。只听母亲接着说道："人生也是如此，上帝为每个人发牌，你无法选择牌的好坏，但你可以用好的心态去接受现实，并竭尽全力，让手中的牌发挥出最大的威力，获得最好的结果。"

从此以后，小男孩一直牢记着母亲的这番教诲，他不再抱怨自己的命运，而是以良好的心态去迎接人生的每一次挑战。就这样，他从得克萨斯州的农村默默无闻地走了出来，一步步成为陆军中校、盟军统帅、美国总统。这个小男孩，就是美国第32任总统——艾森豪威尔。

人们在工作中会遇到很多困难。但困难是死的，人是活的。活的人去解决死的困难，方法就像通往罗马的路一样有多种。我们可以从不同角度入手，去思考它、研究它，找到多种解决困难的办法。

阿基米德是世界上伟大的数学家之一，他就遇到过一件很棘手的事情：

叙拉古城当时的统治者海厄罗王为了报答诸神的恩泽，决定建造一个华贵的神龛，内装一个纯金的金冠作为祭祀物。金匠如期完成任务，这时有人告密说金匠私吞了部分金子，企图用等重的银子掺入蒙混过关。愤怒但无法判断确有其事的国王请来了阿基米德作鉴定。

面对这个无法用常规数学方法解决的问题，阿基米德也一时想不出办法。但他并没有因为想不出办法而愁眉不展、牢骚抱怨;相反的，他尝试着运用各种方法去解决这个难题。最终，阿基米德在用澡盆洗澡时突受启发，豁然开朗，利用浮力测出了金冠的真假，也让他成功地发现了浮力定律。

有人说过这样一句话："前方是绝路，希望在拐角。"当我们认为困难无法解决时，就好像到了绝路一样。这个时候困难就像横在我们面前的河，你要突破它的阻碍，可以从桥上过去，也可以坐船过去，还可以自己游过去。事实上，每一种困难都有多种解决办法，关键在于面对困难的时候，不是知难而退、被困难所吓倒，而是迎难而上，不断想方法、找办法，这才是成功与失败的差距。

俗话说，"没有翻不过的火焰山，没有淌不过的流沙河。"相信自己，遇到困难要以一种积极向上的态度去对待。如若遇到困难首次尝试失败之后，不能耐着性子去接着尝试解决问题，那么爱迪生永远发明不出来灯泡、飞机也永远上不了天，一切一切不能一次成功的东西都将在这个世界上消失。

三、知止常足

荣辱不惊的名利取舍

在老子眼里，荣与辱是相对的。忍受小忿，是人生中最常见的事，谦卑者正因为他卑下低调所以无可失去，而所谓的高贵者正因为高处不胜寒，从来就处于不进则退的险境，所以谦卑者其实最尊贵；人生宠辱无常，需以平静之心态对应；趋利避害，生活就是学会放弃；宠辱不惊，爱虚荣者必惊惧。大舍大得，勿被贪婪所左右；妄言轻人，过于完美必遭毁灭；傲能致败，做事要不敢为天下先；水能载舟，也必定能够覆舟。

超然旷达，宠辱不惊

原 典

宠为下，得之若惊，失之若惊，是谓宠辱若惊。

解 读

尊崇施在卑下人身上，他们得到也心惊，失去也心惊，这就叫做“宠辱都会让人心惊”。

古人有诗云：世事如庭前花，花开也有花落;又如天边云，云舒也有云卷，何必患得患失，终日萦挂于怀呢？观世间万事，既得之，则安之；既失之，亦安之。不患不得，亦不患得而复失。这是一种自然、旷达、超然的人生智慧。

佛陀时代，有一位跋提王子，在山林里参佛打坐，不知不觉中他喊出：“快乐啊！快乐啊！”佛陀听到了就问他：“什么事让你这么快乐呢？”跋提王子说：“想我当时在王宫中时，日夜为行政事务操劳，处理复杂的人际关系，时常又要担心自身的性命安全，虽住在高墙深院的王宫里，穿的是绫罗锦缎，吃的是山珍海味，多少卫兵日夜保护着我，但我总是感到恐惧不安，吃不香睡不好，现在出家参佛了，心情没有任何的负担，每天都在法喜中度过，无论走到那里都觉得自在。”

“无挂碍故，无有恐怖”，是说有情之人因为有执著、有牵挂，对拥有的一切都足以产生恐怖。比如一个人拥有了财富，他会害怕财富的失去，想法子如何保存它；拥有地位，害怕别人窥视他的权位；拥有色身，害怕死亡的到来；穿上一件漂亮的衣服，怕弄脏了；谈恋爱，害怕失恋；拥有娇妻，害怕被别人拐去或跟谁跑了；黑夜走路，害怕别人暗算；在大众场合说话，害怕说错了丢面子。总之，对拥有的执著牵挂，使得我们终日生活在恐怖之中。

智者看破了世间的是非、得失、荣辱，无牵无挂，自然不会有任何恐怖。就像死亡这样大的事，在世人看来是最为可怕的，而智者却也一样自在洒脱。

正如庄子所说：“至人无己。”

“无己”即破除自我中心，亦即扬弃功名的束缚，而达到与天地精神往来的境界。

从这里可以看出，庄子所主张的超脱，实际上是摆脱了一切之后的无知无欲，表现在人生理想上，那就是“无名”，即独与天地相往来的独善其身。

对于生活中的我们而言，庄子对天地精神的崇拜，固然显得玄虚，但针对我们世界中的追求利益以至于忘却了自己的人来说，庄子的宏论和超脱还是具有一定借鉴意义的。

任何人恐怕都很难做到如庄子所言的那种无知无欲，但效法天地之自然浑成，而注重自我心性的保持，能够超然物质欲求之外，也是颇为有益的境界。

庄子曾在《逍遥游》中讲了这样的寓言：尧把天下让给许由，说：“日月都出来了，而烛火还不熄灭，要和日月比光，不是很难为吗？先生一在位，天下便可安定，而我还占着这个位，自己觉得很羞愧，请容我把天下让给你。”

许由说："你治理天下，已经很安定了。而我还来代替你，为求名吗？为求宾位吗？小鸟在森林里筑巢，所需不过一枝，鼹鼠到河里饮水，所需不过满腹。你请回吧，我要天下做什么呢？"

这寓言是说：天地之间广大无比，而在此之中，人所需又如此的渺小，拿自己的所需与天地相比那不是很可怜吗？那么何不效法天地之自然，而求得心性的自由和逍遥呢。

庄子要给予我们的也许是一种极宏远的宇宙观，让人认识到至广至大的极限处，解脱自我的封闭，超越世俗的小我。庄子的这种宇宙观，难道不是一种智慧的体现吗？

作为生命的个体，我们存在于万象的生命之中。亦正是作为个体，我们才时常能真切感受到生命的世界所具有的伟大和恢弘。

现代社会，人们越来越依附于文明所创造的一切。在我们看来，我们与社会的联系更为密切了，但实际上，对物的依赖使我们与生命本身、万物自然的联系日趋减弱。追求纯功利所导致的，是生命的相互隔膜和疏远。人生命的联系已不是人与人，而是人与物的联系。

自从你出生以后，就有很多东西标上了你的名字，如金钱物质，但这些东西果真是你的吗？

的确，有了金钱，可使生活更加安定，也可以使生活变得多姿多彩。但尽管如此，仍有些人仍然不满足于此，只对贮积的增加引以为乐。我们不是为了金钱物质而生存着的，

而是为了生存才有必要拥有那些金钱物质；要活得像个人就不能成为金钱的奴隶，而应该有效地使用它们，成为它们的主人才对。

在日本众石庭中享有盛名的京都山科龙安寺的茶庭里，安放着一座唤做"蹲"的石制洗手盆，在其表面刻有"吾唯知足"的文字，喻示着的就是知足常乐。

少一点私心杂念就会活得更好

原典

不欲以静，天下将自定。

解读

无欲求必然清静洒脱，天下也会自得其正道。

老子认为，人只有去除贪婪无知和狂妄，学习大道包容万物的胸襟，才会过得逍遥自在，无所为而又无所不为。人生在世，我们离不开名利这些身外之物，但也不能为它们而活。不执著于一己之欲，你才能受人尊敬，并成就一番事业。

我们的痛苦烦恼似乎永远也没有尽头，一下成功，一下失败，时而悲伤，时而喜悦；在生活里我们东突西撞，愈陷愈深，找不到一条出路。而老子告诉我们：道就是道，不生不灭，欲望太多的人就无法看透迷茫的前途;而平心静气着，却能够灵敏活泼地勇往直前，这才合乎大地所具有的德性。

有一则寓言这样讲：

有位书生准备进京赶考，路过鱼塘时正巧看见渔夫钓了一条大鱼，便问渔夫是如何钓到大鱼的。渔夫得意地说，这当然需要一些技巧。当我发现它时，我就决心要钓到它。但刚开始，因鱼饵太小，它根本不理我。于是，我就把鱼饵换成一只小乳猪，没想到这方法果然奏效，没一会儿，大鱼就上钩了。

书生听后，感叹地说，鱼啊，鱼啊，塘里小鱼小虾这么多，让你一辈子都吃不完，你却挡不住诱惑，偏要去吃渔夫送上门的大饵，可说是因贪欲而死啊！

欲望与生俱来。饿了要吃饭，冷了要穿衣，这是人的本能。仅从生命科学而言，人类绵延生息不绝，可以说欲望是生命的动力。生命停止，欲望则消失。同时，人的欲望的满足，又是生命消耗的过程。

从某种意义上讲，有效地节制欲望，是构建和升华生命、延伸和拓展生命长度的必由之路。

这就不得不让我们想起了性情淡泊、道法自然的庄子。

有一天，秋高气爽，太阳已爬在半空，庄子还长卧未醒。忽然，门外车马滚滚，喧嚣非凡，随后有人轻轻叩门。

原来是楚威王久仰庄周大名，欲将他召进宫中，辅佐自己完成图霸天下的事业。

楚威王便派了几位大夫充当使者，抬着猪羊美酒，携带黄金千两，驾着驷马高车，郑重其事地来请庄周去楚国当卿相。

半个时辰过后，庄子才睡眼惺忪地开门出来。

使者拱手作揖，说明来意，呈上礼单。

不料庄子连礼单瞟也不瞟一眼，仰天大笑，说了一套令众使者大跌眼镜的话：

“免了！千金是重利，卿相是尊位，请转告威王，感谢他的厚爱。”

“诸位难道没有看见过君王祭祀天地时充作牺牲的那头牛吗？想当初，它在田野里自由自在；一旦作为祭品被选入官中，给予很好的照料，生活条件是好多了，可是这牛想不当祭品，还有可能吗？还来得及吗？”

“去朝廷做官，与这头牛有什么差别呢？天下的君主，在他势单力孤、天下未定时，往往招揽海内英才，礼贤下士。一旦夺得天下，便为所欲为，视民如草芥，视功臣为敌手，真所谓‘飞鸟尽，良弓藏；狡兔死，走狗烹’。”

“你们说，去做官又有什么好结果？放着大自然的清风明月、荷色菊香不去观赏消受，偏偏费尽心机去争名夺利，岂不是太无聊了吗？”

使者见庄子对于世情功名的洞察如此深刻，也不好再说什么，只得怏怏告退。

其中一位使者还如临当头一棒，看破了数十年做官迷梦，决定回朝后上奏威王告老还乡。

庄周仍然过着无忧无虑的生活。登山临水，笑傲烟霞，寻访故迹，契合自然，抒发感情，盘膝静坐，冥思苦想，在贫穷中享受人生的快乐和尊严。

老子说得好：“见欲而止为德”。邪生于无禁，欲生于无度。当官掌权忘记了世界观改造，忘记了清正廉洁，忘记了立党为公、执政为民，难免产生邪心恶念，而“疾小不加诊，浸淫将遍身”，到头来必然出大事，栽大跟头，为人民所唾弃。

清代陈伯崖写的对联中有这样一句“人到无求品自高”。这里说的“无求”，不是对学问的漫不经心和对事业的不求进取，而是告诫人们要摆脱功名利禄的羁绊和低级趣味的困扰，去迎接新的、高尚的事业。

有所不求才能有所求，无求与自强是不可分割的。这正是这句对联所反映的辩证思想。人生在世，不能离开名利等。但对这些身外之物，必须有一个清醒的认识，保持一定的警觉。一个人只有抛开私心杂念，砸掉套在脚上的镣铐，心地才能宽阔，步履才能轻松，才能卓有成效地干一番事业。

提倡“人到无求品自高”，不是让人们去过那种清贫的生活，而是为了清除社会上的腐败现象，使那些追名逐利者保持政治上的清醒和思想道德上的纯洁。

内心的踏实来自于长久努力奋斗的沉淀。欲望是无止境的，人们为满足欲望想出了许多手段，但欲望满足的结果并不能使人心静。

人的心理需要平衡，欲望过少缺少动力，欲望太多则心烦意乱，你所要做的就是把握你的心，不要让多余的不着边际的欲心杂念扰乱你生命的脚步。

知道“止”就没有那么累了

原 典

始制有名，名亦既有，夫亦将知止，知止可以不殆。譬道之在天下，犹川谷之于江海。

解 读

因为有了万物，所以需要给它们加以名称用来分辨，既然能分辨则应知适可而止，不要愈衍愈效，这样就不至于产生问题，发生危险。道存在于天下，就如同谷中溪流流向江河、江河又归于大海一样自然。

人的欲望是个无底洞，不加节制的话，永远不会有满足的一日。其实，我们所需不过是一日三餐，睡床七尺，何必贪得无厌自取烦恼呢？若是懂得知足，人生的快乐一定很多！

人不能没有欲望，没有欲望就没有前进的动力；但人却不能有贪欲，因为，贪欲是无底洞，你永远也填不满它，贪欲只会给你带来无穷无尽的烦恼和麻烦。

据说上帝在创造蜈蚣时，并没有为它造脚，但是它仍可以爬得像蛇一样快。有一天，它看到羚羊、梅花鹿和其他有脚的动物都跑得比自己快，心里很不高兴，便嫉妒地说：“哼！脚多，当然跑得快。”于是它向上帝祷告说：“上帝啊，我希望拥有比其他动物更多的脚。”

上帝答应了蜈蚣的请求，他把好多好多的脚放在蜈蚣面前，任凭它自由取用。蜈蚣迫不及待地拿起这些脚，一只一只地往身体上粘，从头一直粘到尾，直到再也没有地方可粘了，它才依依不舍地停止。

它心满意足地看着满身是脚的躯体，心中窃喜：“现在我可以像箭一样地飞出去了！”但是等它开始跑时，才发觉自己完全无法控制这些脚。这些脚劈哩啪啦地各走各的，它非得全神贯注，才能使一大堆脚顺利地往前走，这样一来它反而比以前走得更慢了。

还有这样一个故事：

有一个农夫，每天早出晚归地耕种一小片贫瘠的土地，累死累活，收获甚少。一位天使可怜农夫的境遇，就对农夫说，只要他能不停地跑一圈，他跑过的地方就全部归其所有。于是，农夫兴奋地朝前跑去，跑累了，想停下来休息一会儿，然而一想到家里的妻子、儿女们都需要更多的土地来生活，又拼命地往前跑……有人告诉他，你到了该往回跑的时候了，不然，你就完了。农夫根本听不进去，他只想得到更多的土地，更多的金钱，更多的享受，于是继续拼命地向前跑去。最终因心力衰竭，倒地而亡。

生命没有了，土地没有了，一切都没有了，贪婪使这个农夫不知道全身而退，于是他失去了一切。

贪婪是一切祸乱的根源。

一间蜂蜜工厂的仓库里洒了很多蜂蜜，吸引了许多苍蝇，因为蜂蜜太香了，它们都舍不得离开。不久这些贪吃的苍蝇都因脚被蜂蜜粘住而飞不了了。当它们快死时，很难过地说：“我们真是太贪心了，为了短暂的快乐却赔上了宝贵的生命。”生活中，一批又一批人前仆后继地把自己绑在欲望的战车上，纵然气喘吁吁也不歇脚。不断膨胀的物欲、工作、金钱几乎占据了现代人全部的空间和时间，许多人每天忙着应付这些事情，几乎连吃饭、喝水、睡觉的时间都没有。他们想要赚更多的钱、找更好的工作、升更高的职位、住更大的房子、开更豪华的车子……然而一旦拥有之后，一些人反而会产生一种迷惘的心情：花了半生的力气去追逐这些东西，表面上看来该有的差不多都有了，可是为什么自己却并没有变得更满足、更快乐？

在物欲横流的现代社会，如何控制好自己对名利的欲望，不仅关系到脚下的人生，更关系到我们每日的心情。生命属于个人，每个人有权设计自己的生活和人生道路。所有的心愿，只要符合法律和道德的要求，都应该受到尊重。但是我们必须明白：生命的过程中，一切物质及肉体都是不可靠的奴仆，想让自己的人生得以升华，就必须放下这些本性之外的东西，追求生活的淳朴，这样才能活得惬意，活得洒脱。

人的欲望是没有止境的，如果你不放弃一些东西，你的身体和心灵一定越来越沉重，快乐就真的离你而去了，因此要学会放弃和自我解脱，保持一颗平常心。少一点欲望，就会多一些快乐。

那么，怎样才能淡化自己的欲望呢？“仕途虽纷华，要常思泉下的光景，则利欲之心自淡。”常以世事世物自愉自悦则可贯通得失，“常疑好事皆虚事，方信闲人是福人。”

中国有一句俗话叫“知足常乐”。佛教的理想是“少欲知足”。孟子有一句话叫“养心莫善于寡欲”。他还说：“其为人也寡欲，虽不存焉者寡矣；其为人也多欲，虽有存焉者寡矣。”欲少则仁心存，欲多则仁心亡，说明了欲与仁之间的关系。

人生在世，除了生存的欲望以外，人还有各种各样的欲望，自我实现就是其中之一。欲望在一定程度上是促进社会发展的动力，但欲望太强烈，就会造成痛苦和不幸，这种例子不胜枚举。因此，人应该尽力克制自己过高的欲望，培养清心寡欲、知足常乐的生活态度。

《菜根谭》中说：“爵位不宜太盛，太盛则危；能事不宜尽华，尽华则衰；行谊不宜过高，过高则谤兴而毁灭。”意即官爵不必达到登峰造极的地步，否则就容易陷入危险的境地；自己得意之事也不可过度，否则就会转为衰颓；言行不要过于高洁，否则就会招徕诽谤或攻击。

而在追求快乐的时候，也不要忘记“乐极生悲”这句话，适可而止才能掌握真正的快乐。大凡美味佳肴吃多了就如同吃药一样，只要吃一半就够了；令人愉快的事追求太过就成为败身丧德的媒介，能够控制一半才是恰到好处。

“宾朋云集，剧饮淋漓乐矣，俄尔漏尽烛残，香消茗冷，不觉反而呕咽，令人索然无味。天下事率类此，奈何不早回头也。”痛饮狂欢固然快乐，但是等到曲终人散、夜深烛残的时候，面对杯盘狼藉必然会兴尽悲来，感到人生索然无味。天下事大多如此，为什么不及早醒悟呢？

无拘无束，给心灵一片广阔的天地

原典

大道汜兮，其可左右。

解读

大道广阔无边，无拘无束，而真正的悟道之人也是不会被外界的纷纷扰扰所左右的。

老子用寥寥几个字就给我们展现出一副超然于尘世之外的宏大场景。那是一种境界，至高至远、逍遥自在的境界，唯有摆脱层层束缚的心灵才能到达。

放飞心灵，不再守着一方小塔，而去拥抱整个世界、整个宇宙，等到可以“宠辱不惊，去留无意”时，人生便已完美！

在纷纷扰扰的尘世中待得太久了，有多少人在感叹生活的压抑？又有多少人仍然背着沉重的包袱为声色犬马所累？

放下吧，心灵需要休息，更需要自由。

颜渊问孔子说："我曾经在觞深过渡，摆渡人驾船的技巧实在神妙。我问他：'驾船可以学吗？'摆渡人说：'可以的。善于游泳的人很快就能驾船。假如是善于潜水的人，那他不曾见到船也会熟练地驾驶船。'我进而问他怎样学习驾船，而他却不再回答我。请问他说的是什么意思呢？"

孔子回答说："善于游泳的人很快就能学会驾船，这是因为他们适应于水而处之自然。至于那善于潜水的人不曾见到过船就能熟练地驾驶船，是因为他们眼里的深渊就像是陆地上的小丘，看待船翻犹如车子倒退一样。船的覆没和车的倒退以及各种景象展现在他们眼前却都不能扰乱他们的内心，他们到哪里都从容自得！用瓦器作为赌注的人，心地坦然而格外技高，用金属带钩作为赌注的人心存疑惧，用黄金作为赌注的人则头脑发昏内心迷乱。各种赌注的赌博技巧本是一样的，而有所顾惜，那就是以身外之物为重了。大凡对外物看得过重的人其内心世界一定笨拙。"

是啊，人的性灵之所以逐渐地消失，不就是因为过于执迷于身外之物吗？

想想世界上有什么不是身外之物？事实上一切都是。不要把自己的东西看得太重，放下一切吧。没了就没了，大不了重新创造一个，也许在重新创造的过程中，反而会发生一些有趣的故事，让人生更加精彩。所以对一切都应该做到放得下，无所谓，凡事看到好的一面，往好的方面想。天下没有免费的午餐，上苍也不会亏待你，关键是你自己怎么看。既要珍惜，又要放得下；既不要放弃，也不要强求。本来无一物，何处惹尘埃？

声名权钱色，都是身外之物，化身而为各种形态，诱惑人类。不理它，它就无所施其技，我们也就少却许多自寻的烦恼。

难得糊涂，人人知道，但有几人真能"糊涂"？又有谁真的能做到"宠辱不惊，观庭前花开花落；去留无意，望天际云卷云舒"？

当我们为名利激烈角逐的时候，当我们为琐事患得患失的时候，我们的心在红尘中已经迷失了方向，失去了可贵的灵性，为物欲横流的社会所主宰时，给心灵一个空间吧，放飞我们的心灵，让人性在放飞中回归，让冷漠在放飞中感动……

让我们再来看这么一则故事：

汉灵帝时，太原孟敏出行，途中不慎失手打破瓦甑。只见他掉头不顾，径直前行。名士郭泰奇之，问其故。他答："瓦甑已破，不能复用，顾之何用？"

甑既然已经摔得粉碎，既然不能使它复原，看它一眼也无济于事，还是往前走的好。孟敏的故事启示我们，纠缠在无谓的痛惜和懊悔上，为外物所束缚，不如彻底摆脱失败与挫折的阴影，放下包袱，轻装前进。

多么睿智的回答啊！事情既然已经发生了，无法挽回，又何必死盯住一个地方，一味悲伤，一味哀叹呢？其实，很多时候，是我们自己在作茧自缚，心被身外之物禁锢了，思维无法打开。"雪融化了不一定是水，也可以是春天；叶子落了不一定是萧索，也可以是硕果。"这个世界上有多少沧海变为桑田，又有多少现在变为历史，生命原本为彩虹，只要不被身外之物所束缚，永远也不会涂抹成灰色。

许多貌似普通的人有太多平实自在的生活态度值得我们学习。用平实的思想生活，就是态度的改变，懂得名利与时间、健康、快乐是不可兼得的；争名夺利的人，不可能有健康的身体，没有健康的身体，心理也就不会健康，心理不健康的人是不会快乐。

平实的生活并不一定要求你成为那种完全世俗的人，但普通人因为太懂得生活的艰难，他们常常"自我检讨"，为自己铺陈出一种平和、宁静、希望、友爱、快乐的生活方式。例如有的人常说：钱够用就行了。而有的人则习惯这样考虑问题：失去了眼前的工作，也许并不是一件完全的坏事，也许还会有新的机会呢。一个公司职员在受到领导批评后，常常会开解自己说：这真是我的错，也许我可以做得更好一点。而我们今天的社会所缺少的不就是这样一种平实的生活态度吗？

什么是生活？假如把它解释成"好好活着"，那么希望我们每一个人都“活得快乐”“活得有意义”“活得清心自在”“活得身心安顿”，让“活”着的时候很有“生”气。

“知足常乐”早已耳熟能详，但真正做到的能有几人？就因为它太简单了，所以很难完成。

古人常说：“少欲无为，身心安在。”人的欲望本来就是无底洞，很难填满。

古人又说：“财色于人，人之不舍，譬如刀刃有蜜，不足一餐之美，小儿舔之，则有割舌之患。”“人随情欲，求于名声，声名法著，身已故矣。”唯有不为外物所缚，放下包袱的人才懂得随遇而安，时时快乐，处处宽心。

金钱不能带来所有的愉悦，功名之类的身外之物也不能带来永恒的快乐。唯有放飞我们的心灵，才能品味最有诗意的人生。

生活总不是那么一帆风顺，总会有许多十字路口，向左走或向右走，无论你选择哪条路，都是你自己的选择，都是人生的一种态度，都要勇敢地朝前走。只要心中装着宽阔的天空，相信没有迈不过的沟沟坎坎。抬起头，朝前走，前面等待你的必定是一片广阔的天地。

视富贵为浮云，视忧辱为轻风

原典

宠辱若惊，贵大患若身。

解读

得宠与受辱一样，都是对身心安宁的惊扰；重视大患等同于对身家的珍重。

尊贵的地位，谁都想得到，得到了便高兴，失去了便忧虑；关于卑下的谁都不想要，得到了就忧虑，失去了就高兴。不论是喜还是忧，都会引起情感的剧烈变化。而这种变化往往激烈得让人难以承受，范进中举便是一例。

这里说的宠辱，其实就是在剖析人们对待外物的态度。身外之物看得轻了，也就不会有患得患失的惊扰了。那么为什么人们总是对身外之物看得这样重，而使得自己宠辱若惊呢？这是因为我们把自己的这副臭皮囊看得太重了，把自己的各种欲望看得太重了。

人们总以为如果不这样看重外物，就是不符合这个社会的潜规则，就不容易在社会上生存。例如：学历、财富、汽车、楼房，如果没有这些平常人都认为是有用的东西，那么生活就不会快乐。

可是社会终究也是自然的一部分，它的运行也是符合“道”的，因此真正能顺“道”而行的人，也就不会在真正意义上背叛了社会的潜规则。一个人若是把外物看得太重了，就难免被外物所役，而忘记自身本来是应该役使外物的。这就像我们平常所说的，某个人爱财如命，结果就成了守财奴。其实金钱只有在流通的时候才有意义，将金钱囤积起来是葛朗台的做法，是既可笑又可悲的。

东汉的隐士申屠蟠少时家贫，受人雇用做漆工，他辛苦工作之余，刻苦读书，从不间断。同郡人蔡邕对他十分看重，在州府征召时，他便极力推荐申屠蟠，上书说：“俗人为小利奔忙，看似聪明却无大志，于国并无帮助。申屠蟠少小志大，即使身陷困境，亦能发愤苦读，可见他乃不俗之人。他父亲去世，申屠蟠的孝心动天，几乎毁形灭身。他体察道理，保持自然本性，不因外界改变自己的形体，也不因穷困和显达而改变自己的节操，这绝不是一般人所能做到的。”

朝廷于是征召申屠蟠为陈留郡的主簿，申屠蟠的亲友闻讯都来向他表示祝贺，申屠蟠却对众人说：“为朝廷做事，本来是每个臣民应该尽到的责任，可是我自愧德识不够，担不起大的责任，所以我是不想应召赴任的。”

众人闻言大惊失色，纷纷劝申屠蟠改变主意，有的还责备他说：“征召为官，这是多少人羡慕的事啊，你怎么能轻易放弃呢？一为官吏，身份立即显贵起来，利益也多了，这是无论如何都不该放弃的。你读书修习，苦熬多年，为的还不就是这一天吗？你太让人莫名其妙了！”

申屠蟠为了避开众人的骚扰，索性隐居起来，继续学习。他的好友一次和他恳谈，旧事重提，申屠蟠意味深长地说：“我看天下已有乱象，朝廷又是昏暗腐朽，这才醉心治学，以避其祸。人们只看到当官为吏多好处，却不知身处官场的风险，这些急功近利的人又怎么能理解我呢？从古到今，不明晓这一点的人，又有几个能保全自己的呢？我不便当众说明，只怕他们的误解是永难消除了。”

太尉黄琼征召申屠蟠到京师做官，他一口回绝，但当黄琼死后遗体运回江夏郡埋葬，申屠蟠感其知遇之恩，便来吊唁以示敬意。当时参加丧礼的名豪富绅有六七千人之多，只有一个南郡的儒生肯与申屠蟠攀谈。但当申屠蟠告辞的时候，那个儒生却说：“你没有被聘请，却来祭吊太尉，想不到却让我们有缘相会，希望下次还能见到你。”

申屠蟠闻言色变，马上说：“我不屑与俗人交往这才和你交谈。想不到你貌似不俗，却也是个拘于礼教、喜欢攀附权贵的人。”

他就此对家人感慨说：“让人迷失本性，利实在是害人的东西。人们都想从中捞取实惠，却不知不觉把自己的人格和尊严都赔进去了。到头来他们又能得到什么呢？我真是无法理解啊。”

在京师游学的汝南郡人范滂非议朝政，名声大振，一时人人效仿。很多公卿不惜降低身份居于他的门下，太学生对他也是极力推崇。有人就此事对申屠蟠说：“时下崇尚学问，文章将兴，先生何不仿效范滂呢？这是有百利而无一弊的好事，切不可错过了。”

申屠蟠却哀叹一声，缓缓道：“今日之利未必是他日之福，在此目光短浅，随波逐流，又怎保无失无损呢？战国时代，文士议论无忌，争鸣不断，各国君王为己之利，都恭敬待之。最后，坑杀儒生，焚烧书籍的祸患却发生了，依我看，这样的事不久就要重演了。”

人们都笑他不识时务，出言讥讽，申屠蟠于是隐居在梁国砀县一带。两年之后，范滂等人纷纷遭祸，被处死和下狱的有几百人之多，人们这时想起申屠蟠的话才深深叹服于他的先见之明。

世俗之人对于眼前的利益看得太重，所以当有尊宠利益降临的时候，便迫不及待地迎上去，哪怕因此趋炎附势丢掉自己的尊严也在所不惜。因为有宠与辱的利害关系，所以人们就会对上级表现为溜须拍马、吹捧颂扬，这样就会给社会带来极大的危害。

然而从长远来看，这是不可取的。当人们为了这些利益而宠辱若惊的时候，就已经失掉了平常心，也就看不清事物运行的方向了，当然也就不能够规避祸患了。所以真的不必因为顾忌世俗的眼光而把自己安排进一场场争名逐利的闹剧里去，相比之下保持心的清静才是更重要的。

富贵而骄，自遗其咎

原典

金玉满堂，莫之能守。富贵而骄，自遗其咎。

解读

金玉满堂，没有人能够把守住。富贵而骄奢，便会自食其果。

人在富贵之时，往往容易迷失本性，乐而忘我。他们会张扬自己，放纵自己，殊不知，富贵至极时，便是危险至极时，如果头脑不够冷静，表现失常，便很容易由巅峰跌到谷底。

《说苑·丛谈篇》中有一句话："富贵不与骄傲相约，但骄傲自然而然地随富贵出现了；骄傲和死亡并没有联系，但死亡也会随骄傲而来临。"

《劝忍百箴》中对于骄矜这个问题这样说："诸侯骄人则失其国，大夫骄人则失其家。魏侯受田子方之教，不敢以富贵而自多。盖恶终之衅，兆于骄夸；死亡之期，定于骄奢。先哲之言，如不听何！昔贾思伯倾身礼士，客怪其谦。答以四字，骄至便衰。斯言有味，噫，可不忍欤！"

这段话意思是说，国君对人傲慢会失去政权，大夫对人傲慢会失去领地。魏文侯接受了田子方的教诲，不敢以富贵自高自大。骄傲自夸，是出现恶果的先兆；而过于骄奢注定要灭亡。人们如果不听先哲的话，后果将会怎样呢？贾思伯平易近人，礼贤下士，客人不理解其谦虚的原因。思伯回答了四个字：骄至便衰。这句话让人回味无穷！

确实是这样。千罪百恶都产生于骄傲自大。骄横自大的人，不肯屈就于人，不能忍让他人。做领导的过于骄横，则不可能很好地指挥下属，做下属的过于骄傲则会不服从领导。做儿子的过于骄矜，眼里就没有父母，自然不会孝顺。

骄矜的对立面是谦恭、礼让。要忍耐骄矜之态，必须是不居功自傲，能够自我约束，克制骄傲的产生，常常考虑到自己的问题和错误，虚心地向他人请教学习。

在克服骄傲自大、培养谦恭礼让的品质方面，古人为我们树立了不少榜样。

富贵者、当权者自身本来就容易有骄傲之气，看不起地位不如自己的人。但是作为统治者，如果不能礼贤下士，虚心求教，他就可能因为自己的骄矜之气而失去政权，富贵者则可能因此失去自己的财势。

如果一个人喜欢自大自夸，就算是有了一些美德，有了一些功劳和成绩，也会丧失掉。过分炫耀自己的能力，看不起他人的工作，就会失去自己的功劳。

有人打了一个比方。他是这样说的：如果一个人的仇恨在心中只占据一半，那么他就表现得很激烈；如果一个人的仇恨在他的心中占据了全部，那么他就表现得格外冷静。

由此可见，得意忘形或者失意忘形，都是由于“度数”不够，浅薄或者无知。

半桶水荡得很，得意忘形者败。

易经讲：君子终日乾乾，就是说人一天到晚，都要保持本分，保持常态，永远这样；不但如此，到了晚上，还要警惕自己，不可放松，就像白天一样的小心。就是说到了中年做事得意的时候，做人做事随时随地都要小心，乃至到了晚年都不能放松。

富贵是人所向往的，但富贵之后人们的发展趋势，就不一定是锦上添花了。无忧无虑的生活最能麻痹人们的神经，令他们蜕化变质，失去拥有的一切。

权势和地位给人罩上的光环，往往使人迷失本性；当光环消失之后，人们最需要做的是找回自我，而不是还生活在逝去的幻影中。重新开始不仅要有勇气，更要有当初的坚韧与谦和。

清朝雍正皇帝在没有继位之前，川陕总督年羹尧是他最得力的亲信。当时，诸皇子为了皇位互相攻击，年羹尧坚定地站在时为雍亲王的胤禛一边。

胤禛当上皇帝后，对有大功的年羹尧视为恩人，封他高官显爵，还动情地说："年羹尧忠勇无人能比，我不仅不能辜负他，而且我的子孙也要铭记他。如有人做不到这一点，他就不是我朝的臣民了。"

年羹尧受到皇帝这样推崇，趋炎附势的人于是加紧了对他的恭维和"孝敬"，许多人携带重金去贿赂他。

年羹尧来者不拒，提拔了很多不称职的人，有人便劝他说："皇上厚待你，是因为你从前为国建功。现在你的这些行为，对国家有害，皇上知道了一定不满，你应该保持清名，不让皇上对你的看法改变啊。"

年羹尧说："这是我权力范围内的事，皇上不会怪罪我的。皇上对我特殊优待，我还担心什么呢？"

年羹尧放松了对自己的要求，渐渐骄横跋扈起来。他外出的时候，连总督和巡抚都要跪道迎送，毕恭毕敬。

一次，年羹尧进宫看望身为雍正皇妃的妹妹，妹妹对他说："听说你在外面十分招摇，引起不少议论，这是不明智的。无论你有多么大的功劳，终是臣子，以后做事还要讲究分寸的好。"

年羹尧对谁的话都听不进去，他仍是恃功自傲，雍正皇帝开始猜疑和忌恨他了。

不久，雍正皇帝严词警告他说：“你是国家的功臣，更应该遵纪守法，做群臣的表率。现在许多人对你是敢怒而不敢言，难道你是有心让我为难吗？”

年羹尧的心腹看出了苗头不对，劝他说：“皇上这样指责你，看来他是早有不满之心了。你要马上上书自责，也许这样还能挽回不利的局面。”

年羹尧不肯谢罪，他说：“皇上把我看做恩人，哪能这么快就翻脸呢？我若认罪，其他人正好落井下石，我是不能自毁前程的。”

雍正皇帝见他死不悔改，于是解除了他的抚远大将军之职，降他为杭州将军。年羹尧的心腹这时又劝他说：“皇上动怒，日后群臣必定会群起而弹劾你。现在不比从前，你必须马上放下身价谢罪，求得皇上的原谅，如果你还是抗拒到底，事情就会更糟。”

年羹尧自觉受了委屈，他不但不承认自己的错误，还口出怨言，说雍正皇帝对他不讲情义。他不厌其烦地对人讲述自己从前的功劳，暗指雍正皇帝忘了他这个大功臣了。

雍正皇帝听到这些消息，更加恼怒。他公布了年羹尧的92条大罪，令他自杀。

年羹尧得志猖狂，失势后不思悔过，他的心态没有丝毫调整，这使他一再犯错，最后走上了绝路。

人要有能上能下的心胸，在位时不要仗势欺人，退位时不能怨气冲天。人生在世一切都是可能的，什么也比不惹祸这事重要。

得意之时切忌忘形，因为成功永远是相对的。

用超然的心态看待眼前的荣华富贵

原 典

虽有荣观，燕处超然。

解 读

虽然有荣华富贵摆在眼前，但圣人君子们仍能以超然清醒的心态看待。

世界上没有无缘无故的爱，只有对天上掉下来的好处客观地保持一份冷静，做好接受后果的分析，才可以在以后的行事中勇往直前、无怨无悔。否则，面对突如其来的失落，将会手足无措、丢失理想、消沉意志，进而付出沉重的代价。

老子总说福祸总是拴在一起的，祸中藏着走向福的种子，福中也有祸的萌芽。因此得利不要忘害，对轻易得到的好处要多加提防，很多时候，天上掉馅饼未必就是福气。

庄子曾讲过一个故事：

列子穷困潦倒，脸上出现饥饿的颜色，但绝不接受郑国宰相子阳赠送的粮米。

因为，列子记得自己并没有和子阳打过交道，子阳为什么给自己送粮食？还不是听他手下的人说：“列子是个贤人，他就在您治理的国家里，他现在连饭都没吃的。这样，您岂不成了不爱贤才的宰相吗？”

子阳是为了自己获得好名声而给列子送吃的东西的，并非真正爱惜贤才。

列子谢绝了子阳派来送粮米的人，列子的妻子深深叹息。她埋怨说：

“只听说有道德有才学的人的老婆子女，都能过上快乐安逸的日子。可你，把我们一家子都养得皮包骨头了。当权的宰相既然已派人来慰问，又送粮米给我们，你为什么偏偏不接受呢？你自己不要紧，为何连家人的身家性命也不顾？”

列子笑着向妻子解释道：“宰相并不是真正了解我，只不过听别人讲我，他才叫人给我送粮食。现在救济我是如此，如果一天有人在他面前说我的坏话，他必然依别人的只言片语加罪于我。这怎么能行呢？这就是我不接受粮食的理由。”

原来，子阳为官确实为所欲为，不久老百姓起来反抗，杀死了子阳。列子虽然穷困，却依旧平安，道德学问依旧芳名远扬。

由此可见，凭空而降的荣华富贵的背后往往隐藏着祸害，就看你用什么样的心态去看待了。

《史记·刺客列传》记录了五位刺客亡命行刺的事迹，其中有一段对荆轲的精彩描写：“荆轲既至燕，爱燕之狗屠及善击缶者高渐离。荆轲嗜酒，日与狗屠及高渐离饮于燕市，酒酣以往，高渐离击缶，荆轲和而歌于市中，相乐也，已而相泣，旁若无人者。”这个内心情感世界极为寂寞空旷的荆轲，就是得到从天上掉下来大馅饼的人。他的身份属于当时的士林阶层，依靠贵族供养，却想有所作为，因此经常改换门庭，寻找一展宏图的机遇。燕国太子丹曾在秦国为人质，对秦王嬴政夺去国土和吞并列国的野心恨之入骨，偷偷回国寻找可以行刺秦王的人，从老壮士田光那里认识了荆轲，看出了荆轲深藏着的“士为知己者死”的个性，就为他精心制造了一个个诱人的馅饼。当时的荆轲本是个潦倒之士，一下子得到燕太子丹的竭力善待：“于是尊荆轲为上卿，舍上舍。太子日造门下，供太牢具，异物间进，车骑美女恣荆轲所欲，以顺适其意。”如此天降的好事，其目的何在，对于荆轲来说，是一清二楚的。他能安然领受，无非是出于士的职业和个人的慷慨豪气。燕太子丹为达目的，还把“馅饼”制作得更加完美，荆轲拾瓦片投蛤蟆，太子看了，就捧了用金子做的弹丸供他使用；荆轲说一匹千里马的肝好，就命人把马杀了，取出肝来给他下酒；有美女弹琴，荆轲说那女子的手好，就马上砍下来用玉盘盛了送给他。荆轲知道要以命酬谢了，所以在出发时，和着高渐离击缶而歌，唱出了“风萧萧兮易水寒，壮士一去兮不复还”的千古悲歌，然后“就车而去，终已不顾”。荆轲的“难得糊涂”，在于“士为知己者死”的士林风范，追求生命之外的人生价值，虽然为飞来的好处付出了最为昂贵的代价，却还是个明白人。

当今社会生活中，凭空而降荣华富贵的事更是不胜枚举，让人眼花缭乱。而大多享用“天上掉下馅饼”的人，却没有荆轲做个明白人的福气，是迷迷糊糊上了圈套的。比较常见的有购物陷阱，即在商品上巧妙地设置一种奖项，让你即刻得到一点甜头，并让你觉得有更加诱人的利益在前边，使你欲罢不能，一直不停地掏腰包，结果是“更加诱人的利益”成为泡影，你也会因此付出惨重代价。

世上没有免费的午餐，得到者必然要付出相应的代价，因此，在碰上这样的“好事”时，请你在权衡利害后再下决心。

刻意求私，必不得果

原 典

夫唯无知，是以不我知。

解 读

我说的“无知无为”，实在是要大家不要为了私利私欲而去刻意求知、作为；应该依照自然法则去行为、互相照顾，以求共生共存，所以不需去刻意求知。

老子在《道德经》中这样说过：“夫唯无知，是以不我知”，他认为凡事都不能为了私利私欲而去刻意追求，而应该遵循自然法则而为，否则即便我们去刻意求私，也必不能得到满意的结果。

私心，可以说私欲伴随着人度过了一生——小时候，相差无几的兄弟间、姐妹间都会出现为了争夺一个玩具或美食而发生争执，当然《孔融让梨》那样的故事终究是少而又少的；长大后，为了争夺某个职位与同事明争暗斗、设计陷害等等行为，都是为了能够得到更多的名和利；当我们老了，面对众多的儿孙，自然也会对某个有特殊的感情，心里的天平也会随之倾斜。

私心虽然是人的本能，然而有的人私心轻，在大事上不敢越雷池一步，这些人虽有私心，但能顾全大局头脑比较清醒；另外一些人则私心过重，为了一己之私简直是不择手段，秦桧就是一个“私”字太重的人，因此他做出来的事不但令人厌恶，最终还害了他自己的性命。

秦桧的孙子秦埙，准备参加科举考试。在所有孙子中，秦桧最宠的就是秦埙，从小秦桧对他就悉心调教，未尝离膝下。虽然在儿子秦熔面前，秦桧总是一副严肃古板的样子，可是，一见秦埙，马上就眉开眼笑，成了个慈祥的祖父了。

秦埙很聪明，自幼从师学习，虽然刚满十八岁，才学已经不错了。不过，科举考试集中了全国各地的读书人，其中人才济济，秦桧不能不为秦埙担心：毕竟他人小，见识少，阅历浅，落榜不是没有可能的。况且，秦桧不但想要秦埙高中，而且还要状元及第，这可不是一件易事了。秦桧为此事煞费了一番苦心，作了精心的筹划。

中书舍人程敦厚，是苏东坡的表兄程士元之孙，平日和秦桧关系不错。一日，秦桧招呼程敦厚至相府。

程敦厚奉命来到了望仙桥的秦桧府邸，在家奴的引导下来至内阁。程敦厚奉命而来，却不见秦桧，只得坐候，看着日影西移，百无聊赖。他四处张望，发现一室萧然，独案头上有书一册，以紫绫裱面，极为美观，就取来观看。

程敦厚打开一看，见书题为《圣人以日星为纪赋》，篇末有“学生类贡进士秦埙呈”九个字。其赋文采绮艳，程敦厚煞是喜爱，且因守候秦桧，遂几坐窗下，仔细吟咏，几乎可以背诵下采。秦府的家奴不时送来酒肴茶点，往来服侍，殷勤异常。不知不觉，天色已是黄昏，程敦厚这才发觉自己在这里几乎等了一天，可是还是不见秦桧的影子。他不便再等，只得退离秦府，心内颇为诧异，不知秦桧是何用意，每一念及此事，便惴惴不安。

程敦厚心惊肉跳了好几日，朝廷有诏下，差程敦厚为知贡举，宣押人院，这时，程敦厚方才恍然大悟，遂以前几日在秦府所见的“圣人以日星为纪赋”命题。

原来，这都是秦桧一手在幕后导演的。他想为秦埙预备打通关节，自觉不便启齿，因此才想出此计。在考官人选的确定上，秦桧也花费了不少心思，选择了御史中丞魏师逊、右正言郑仲熊、吏部郎中、权太常少卿沈虚中、监察御史董德元等人为知贡举，都是秦桧的心腹，只有主考官陈之茂平日与自己没有什么来往。秦桧只好派人偷偷暗示他：将秦埙取为第十名。

进士考试分为省试和殿试。省试，由尚书省的礼部主试；殿试，由皇帝对会试取录的贡士在殿廷上亲发策问，也称廷试。参详官董德元，于腾录处取号得到秦埙的试卷，喜形于色地说：“吾曹可以富贵矣！”又将试卷传与众人看，说：“此卷子高妙，魁等有余。”然而，主考官陈之茂却并不赏识秦埙之文，他看好了名为陆游的士子，不畏权势，不听别人的威胁之词，将其取为第一名。

早有心腹把这个消息传给秦桧，秦桧利用职权之便，硬把陆游刷掉，并要惩办陈之茂。（陆游，即后来的南宋爱国的大诗人。这年他二十九岁。从此他失去由科举博取功名的机会。直至秦桧死后三年，陆游才被任命为福州宁德县主簿，以后又调到京师临安任编修官。孝宗即位后，赐他进士出身。）

省试之后的廷试，秦桧又奏以汤思退为编排(负责考试的官员)，以师逊为详定(调查、评定试卷的官员)。

高宗御射殿，策试正奏名进士，策问诸生以师友之渊源，志所钦慕，行何修而无为，心何治而克诚。秦埙和第二名曹冠早有准备，对答如流。曹冠是秦桧的馆客，曾教过秦埙。

高宗读了二人的策论，发觉通篇都是秦桧、秦嬉说过的话，无非是攻击程颐一派的学说，心中不悦。又读了其他几个的策论，发现其中一篇主张重用同心同德的元老旧臣，且提及存赵之事，字迹刚劲，文采斐然，一看，原来是乌江(今安徽和县乌江镇)的士人张孝祥。高宗异常欣喜，认为张孝祥是个难得的人才，于是提笔，钦定张孝祥为进士第一名，将秦埙定为第三名。

这一年的进士举，秦埙、秦桧的侄儿秦焯、秦焴，姻党周寅、沈兴杰、馆客曹冠皆登上第，士论大为不平。

秦埙没有高中状元，心中闷闷不乐。秦桧心中更要难过万分。宰相肚中能撑船。虽然对张孝祥恨之入骨，表面上却还得摆出宰辅的大度。他将张孝祥召至尚书省，殷切慰问。

张孝祥时年二十三岁，正是少年意气、血性方刚之时，加上他天性爽直，对秦桧的为人为政，早有满腔怨恨，一进来就绷着脸，一句话也不说。

秦桧打量了一下面前的这位青年：面色白皙，下颏有点尖，显得清瘦，完全是一副文弱书生的模样。但是他的一双剑眉和高耸的颧骨，宽阔的前额，以及紧闭的双唇，却带着沉着而刚毅的神气，更像是一个习武之人。秦桧干笑了两声，对张孝祥说："不唯喜状元策，又喜状元诗与字，可谓三绝。"见他不答话，又问："不知状元诗何所本，字何所法？"张孝祥见秦桧不住追问，就没好气地答道："无师自通。"这更触怒了秦桧，好在秦桧未能着手迫害他，就先一命呜呼了。（张孝祥是南宋著名的爱国词人，在中国词史上，上承苏轼之传统，下开辛弃疾之先路，词风豪放，深沉，慷慨悲凉，有《于湖词》一百七十余首留传至今。）

参与这次进士举的知贡举后来都得到了提拔，只有陈茂之因未顺承秦桧之意，贬官。

这些只是秦桧私心未果的事例，然而他栽赃陷害岳飞，最后却使他遗臭万年。

社会中的一些现象不得不令我们反思——为什么弟兄反目为仇；为什么一些拥有众多儿女的老人被赶逐大街；为什么有些政府官员被撤职查办；为什么有许多工厂破产倒毙……这都是私心在里面的原因——总是想多拥有、多霸占点儿，结果常常是一无所获。

有句老话是这样说的"人算不如天算。"不管你信不信这句话，这句话还是有它的道理——尤其是针对那些私心过重，为一己之私而不择手段的人。面对这样或那样看似近在咫尺，却又远在天边的诱惑，我们不要失去应有的理智。

名利乃身外事

原典

名与身孰亲？身与货孰多？得与亡孰病？

解读

外在的名声和生命相比，哪一样与你更亲近呢？生命与财富相比，哪一样对你更重要呢？获得世界与丧失生命，哪一样才是有害的呢？

当代社会无处不充满着名利的气息，工业化的迅速发展，使得人们的日常生活和工作都变得忙忙碌碌，古时候那种“采菊东篱下，悠然见南山”的生活已经变成了奢侈。人们为生存和发展而互相竞争着，每个人都像绷紧的弦一样，被时代的洪流和自身的欲望驱使着向前奔跑。在社会上流传着一句话：年轻的时候是用命换钱，年老的时候是用钱换命。这话说得让人不寒而栗，想想我们现在的拼搏是牺牲了自己的健康，可最终得来的能比失去的更有价值吗？我们是不是应该稍稍放缓脚步，让自己的人生从容一些、健康一些呢？

有人认为，对于一个人来说，一生有三大重要投资：事业、家庭和健康。当然，这三样投资的排序因人而异，但大多数人都会像上面的排列顺序一样，把健康投资放到最后。于是，许多人生的悲剧就在这不经意地忽视中上演了：

2007年6月23日，著名相声演员侯跃文因突发心脏病去世，年仅59岁。

2006年1月21日，上海中发电器集团董事长南民逝世，年仅37岁。

2005年9月18日，网易CEO孙德棣逝世，年仅38岁。

2005年8月30日，著名演员傅彪患肝癌逝世，年仅42岁。

2005年8月18日，著名小品演员高秀敏逝世，年仅46岁。

2005年4月10日，著名画家、商界精英陈逸飞因胃出血逝世，年仅5 9岁。

2005年1月18日，麦当劳CEO查利·贝尔因癌症去世，年仅44岁。

2004年11月7日，均瑶集团董事长王均瑶因肠癌逝世，年仅38岁。

……

看到这些名单，你是否会悚然一惊？

按国际标准，人的寿命应该是100～175岁，但我国知识阶层的平均寿命才58.5岁，低于全国平均寿命10岁左右。现在死亡率最高的人群，不是穷人，不是难民，而是30～50岁的精英分子！

是什么让我们失去了健康？如果去询问在职场上打拼的人们，可能大多数人都会无奈地告诉你，为了车子、房子、孩子、职位，为了事业成功、出人头地、打败竞争对手，所以必须熬夜、加班、陪客户吃饭、陪领导暴饮……谁都知道这种状况不好，谁都想着好好休息一下，可是休息的日子似乎永远也不能够到来。

在一项调查中显示，有66%的人有多梦、失眠、不易入睡等现象；经常腰酸背痛者为62%；记忆力明显衰退的占57%；脾气暴躁、焦虑者占48%。还有调查结果表明，慢性疲劳综合症在城市新兴行业人群中的发病率为10%～20%，在某些行业中更高达50%，如科技、新闻、广告、公务员、演艺人员、出租车司机等，这些都是“过劳死”的潜在人群。

2005年演员傅彪的辞世，让很多人都深为震动，也让中年男人不由得反省自己，背负太多，过劳猝去，那么欠下的未履行的责任又何去何从呢？

没有了健康，一切都等于零。然而很多人都以为，责任不能舍弃，所以必须透支自己的生命。可是，当你真的将生命透支以后，你能知道自己还能走多远吗？真的一旦突然失去生命或失去健康，你所企望提起的责任永远也达不到了，甚至还会为你的家人增添累赘和痛苦。

世界卫生组织曾宣布：每个健康人的寿命15%取决于遗传，10%取决于社会安定，8%取决于医疗条件，7%取决于气候、环境。剩下的60%取决于自己的生活方式。所以，那些过劳死的人们，其实是死于一种不健康的却又在社会上泛滥的生活方式。

我们习惯晚睡，习惯加班，习惯充电，习惯不吃早饭，习惯饮食不规律，习惯吃垃圾食品……很快有一天，我们会陡然发现身上的某个部件不好使了。

余秋雨说：人生最大的悲剧就是某一天照镜子时发现了额角早霜似的一丝白发，这一丝白发的悲哀远胜过莎士比亚戏剧里的毒药、爱情与谋杀。

某广告客户主管，男，43岁，他说："我过了40岁，陡然觉得日过正午，几乎所有的压力接踵而来。家门内，上有衰老多病的父母、岳父母需要赡养，下有幼小的儿女需要抚育，身边有快到更年期的'黄脸婆'日日絮叨，夜夜抱怨；家门外，还有上司、同僚、下属和众多亲戚朋友需要关照、打点。稍不留神就可能得罪了谁、招惹了谁、怠慢了谁、疏忽了谁。对于40岁的我来说，无论我的肩膀有多么瘦削，也得咬紧牙关负起重担。……传来傅彪去世的消息，让我陷入恐慌。难道是天妒英才？为什么时常见到正值壮年、事业有成的人英年早逝？古人那种悠然自得的休闲生活成了现在的奢侈品，也许中年是履行责任的时间，但如果能让生命安然度过雷区，必然能创造更多的价值，拥有回味人生、品味人生历程的权利。生命是宝贵的，只有珍爱生命，好好地生活，才能好好地履行责任。”

一位中年女性媒体工作者说：“谁不知道身体比什么都重要？可是孩子没有好饭吃，没有好衣穿，没有好学校上，作为家里的支柱能不拼命地工作吗？有压力才有动力嘛。我经常这样对丈夫说。物质决定上层建筑，一家人的快乐主要都建立在资本基础上，现实如此残酷，男人没有责任心，不拼命工作，哪来的家庭享乐？有的人轻轻松松就能有不错的收入、不错的生活保障，但大部分人不行，我们家也做不到。丈夫只能是工作、工作、拼命工作，或者说拼命赚钱，家里的生活才能继续保持质量稳步上升，尽管我也不愿意他这样辛苦。……也许，傅彪病逝让我和丈夫开始警醒了一点点。也许生活的责任应该是一种和谐，责任不能太超负荷，有压力才有动力，可也要掌握度！要平衡，一旦超过了度，一旦失去了平衡，那就糟了。”

是的，当我们为着责任和理想而努力拼搏的时候，千万要注意一个度，不妨时常问问自己：“名利和生命哪个更重要？”

若能体会到道家的清淡无为、潇洒度世的精华，或许，你的人生之路会走得更远更好。

知足才会逍遥

原 典

绝圣弃智，民利百倍；绝仁弃义，民复孝慈；绝巧弃利，盗贼无有。

解 读

抛弃贤圣权威及权威的成见，人民可以得到更大的好处；抛弃仁、义等道德律则，人民将恢复他们的孝慈本性；抛弃技巧与厚利的助纣与诱引，盗贼将自动消失。

在物欲横流的时代，相当一些人往往在以功利的、消费的观点去看待社会，重物质利益，重物质消费的观念占据了人们的主导思想。这是十分危险的。反映在社会上，一些人铺张浪费，讲排场，大行其道。反映在文化艺术领域中，有些人不顾文化、艺术的品位，甚至不顾艺术家的人格而去粗制滥造，追逐名利。反映在学校中，学生看重名牌和高档物品，而人文素质的修养则很差。凡此都在竭力说明“见素抱朴，少思寡欲”的朴素思想已经被排挤了，并且在警示我们：亟待加强人文建设和人文素质教育。

现在，很少有人再谈“见素抱朴，少思寡欲”了。似乎到了这个物质享受发达的时代，都以为只需要消费，“朴素和寡欲”的思想已经没有什么实际意义了。这显然是一种人生的失误。持这种人生观的人表面上很充实，整天忙乱不堪，似乎是对发展经济、建设社会的积极响应。其实，他们恰恰不明白，消费其实是一种最消极的因素，代表着精神上的空虚。物质享受本身无论有多么丰富也不能导致精神上的充实，只能给人增添更多的物欲。

没有信仰，固然不影响我们吃饭、睡觉和工作，好像是行得通的。但是我们难免会感到空虚和烦恼，觉得生活没有意义，觉得所作所为没有价值。所以有的人就会因此而寻找刺激，甚至为了一己私欲不惜伤天害理。这对社会来说是种危害，对个人来说也是自寻灭亡的不归路。

也许是因为现代人太聪明了，因为有巧智，所以远离了原本的清净混沌，越来越不知足，于是也就偏离了“道”的自然而然。在杭州西子湖畔虎跑寺内的一个不很起眼的地方，有一副对联：“事能知足心常惬，人到无求品自高。”这是已故弘一法师的遗墨。凡是了解弘一法师的人都知道，无论从家境、才学、阅历上来看，还是用爱国之情、志向之取、进取心来比，弘一法师都不会亚于当时或现代的大多数人，甚至远比大多数人都更符合精英分子的含义。然而恰恰是这位自豪“魂魄化成精卫鸟，血花溅作红心草”的热血男儿，认认真真地写下了这样一副对联留诸后世，这便使人不得不冷静下来，认真想一想这副对联的深刻内涵。

孔子有一天感叹，他说我始终没有看见过一个够得上刚强的人。要注意这个“刚”字，脾气大不算刚；刚的人是方正，并不一定脾气大；高帽子戴不上，骂他也不改变，这差不多有点像刚，但还要看他的品德、智慧、修养。前面曾经提到上等人有本领没脾气，中等人有本领有脾气，下等人没本领脾气大。孔子这里的刚是指有本领没脾气的上等人。

孔子讲了这句话，有一个人说，有啊，申枨不是很刚吗？子曰：“枨也欲。焉得刚？”孔子说申枨这个人有欲望，怎么说是刚呢！一个人有欲望是刚强不起来的，碰到你爱好的，就非投降不可。人要到无欲才能刚，譬如说，这个人真好！真了不起！就是有一点毛病，爱钱。既然他爱钱，你拿钱给他，他的了不起就变成起不了。你说这个人品德样样都好，就是有一个毛病爱读书，遇到懂得手段的人就利用他了，什么都不和他谈，专谈书，他就中计了。历史上有些人，“天子不能臣，诸侯不能友。”请他出来做官，他不干；任何权势拉拢他，理都不理。但是中国政治上有一个传统的手法，只要在人上者，肯“礼贤下士”，只要以礼下人，任何英雄都不免来入彀中。不过要有道德做背景，如果没有道德的基础，仅是这样乱用，礼也是一把刀，所以真正刚强的人是没有欲望的——即所谓“无欲则刚”。

这个无欲，换种角度来说就是知足。一个人能知足，自然也就不会对外物生出多余的欲望来了。

曾国藩曾说：“知足天地宽，得宇宙隘。岂无过人姿，多欲为患害。在约每思丰，居困常求泰。富求千乘车，贵求万钉带。未得求速赏，既得勿求坏。芬馨比椒兰，磐固方泰岱。求荣不知厌，志亢神愈忲。岁燠有时寒，日明有时晦。时来多善缘，远去生灾怪。诸福不可期，百殃纷来会。片言动招尤，举足便有碍。戚戚抱殷尤，精爽日凋瘵。矫首望八荒，乾坤一何大。安荣无遽欣，患难无遽憨。君看十人中，八九无倚赖。人穷多过我，我穷犹可耐；而况处夷涂，奚事生嗟气？于世少所求，俯仰有余快，俟命堪终古，曾不愿乎外。语云：名根未拔者，纵轻千乘甘一瓢，总堕尘情；客气未融者，虽泽四海利万世，终为剩枝。”

可见这世上不知足的人多，贫者有贫者的不知足，富者有富者的不知足，总之，欲望是无止境的。看来只有按照老子所说，让自己能够“见素抱朴，少思寡欲，绝学无忧”，方可以知足而常乐啊。

知止而后得，不止而后失

原 典

持而盈之，不如其已。

解 读

当拥有了不能再多的物品时，不如适时的停止拥有。

老子提倡”知足知止”，他认为，“持而盈之，不如其已”——当拥有的物品不能再多的时候就要学会停止，如果依然不知道满足，放纵欲望、无休止地追逐声色名利，那么最终会受到私欲的毒害。

清乾隆年间最风光大臣非和珅莫属，其实和珅的一生是非常成功的——他由起初的一名默默无闻的三等侍卫，成长为一名皇帝身边的红人，无论是说他会拍马溜须也好、有真才实学也罢，总的来说他是成功的：在乾隆在位时，他可谓能够呼风唤雨，乾隆对于他的贪污之事并非全无不知，然而由于对他甚为喜爱，也就睁一眼闭一眼了。

和珅之死，一个是与乾隆的退位有关，另一个就是他过于贪得无厌的缘故。据查抄时记载：他的家产中包括了无数的奇珍异宝，有的甚至皇宫里都不曾拥有。他的家产折合了两亿六千四百万两白银，还有许多价值连城的宝物无法估价。如果按现在的估价一算，大概和珅拥有11亿多两白银的资产，简直富可敌国。

这么多的资产是和珅不知疲倦、不知休止地贪污而来的。也可以说这些资产加速了和珅的灭亡，是他的催命符。试想下，如果和珅能够适可而止，在乾隆退位之后，他也不至于人头落地而一无所获的。

“知足知止”是明智之举，尽管这样不会得到很多，然而它却可以让我们拥有某些实在的东西，更不会为了无底的欲望而丢掉性命、一无所得。

有个阿拉伯神话是这样说的：有一个人去寻宝藏，历尽千辛万苦终于找到。他小心翼翼地进了山洞，看到里面有个宝瓶，宝瓶上贴着一张字条写道：“打开瓶盖，里面就会冒出金沙。请在取到足量的金沙后把盖子盖上。”这人欣喜若狂，打开了瓶盖，果然是宝物，一开盖金沙就像礼花炮一样飞射而出，黄金灿烂，就像做梦一样美。

“发大财了！”这人用袋子装，用帽子接，用衣服兜，用双手捧，甚至鞋子里面也盛满了金沙。宝瓶里的金沙如喷泉般涌出，越喷越多，渐渐地这人没东西装了，金沙从他手上溢出……溢出……溢出，但他还是一动不动地跪在地上捧着手接。他太高兴了，太疯狂了，太痴迷了，只顾欣赏金沙狂涌的美景，忘了宝瓶上的告诫：“请在取到足量的金沙后把盖子盖上。”最后，他被埋葬在了金沙的厚堆里。

很多人就像这个寻宝的人一样“不知足”“不知止”，结果一无所获。

“知足知止”在人们的创业之路上，更多地表现为“该放手时就放手”的智慧——许多创业者曾盲目地坚信“胜利往往来自再坚持一下的努力之中”，结果把企业成本一压再压，甚至连个人的生活都逼到了边缘，最终的结果还是被迫放弃。

“做生意不是赌博”，明知无望还固执地期望出现奇迹。其实，创业是为了“第一桶金子”，而这第一桶金子出自哪个项目并不重要，商场上的机会比比皆是，只要你有心，放弃一个项目，肯定还会找到另一个项目。放弃并不等于抛弃，只要不是一败涂地，完全有可能东山再起，可以以另一种方式重新开始。

成功创业者当中很少有人是在最初的项目上一次成功的，大多都尝试了很多项目。而每一次尝试都意味着上一次的放弃，但大多数的创业者还是在这种选择与放弃的过程中，找到了适合自己的项目实现了成功梦想。

“知止而后得，不止而后失”说的就是一种“知足知止”、“该放手时就放手”的智慧，这种智慧表面上看似是一种中庸之术，然而它却能使人们正确地对待欲望与现实，让人们能够享受到属于自己的那份幸福。

我们每个人都有欲望，然而欲望太多，人生就会变得疲惫不堪。每个人都应学会轻载，因为生命之舟负荷太重的话，就会搁浅、就会沉没。

四、去欲忘我

内省自胜的智者心态

在老子眼里，欲望与节制是相对的。老子说："良贾深藏若虚，君子盛德容貌若愚。"即善于做生意的商人，总是隐藏其宝货，不令人轻易见之；而君子之人，品德高尚，但容貌却显得愚笨。小人们总是将欲望或精力不加节制地滥用，这是毫无益处的。因此，圣人治国，只求安饱，而不求声色之娱。所以采取前者而舍弃后者。这说明节制欲望的重要。人类的欲望，如声色犬马、饮食钱财等，本为厚生养生之具，但不加节制，任情而为，则有害健康。

自我感觉不要太好

原 典

江海所以能为百谷王者，以其善下之，故能为百谷王。

解 读

江海之所以能成为百川之王，是因为江海能处在百川之下，故能成为百川之王。

正如牛顿所说，我之所以看得远，是因为我站在了巨人的肩膀上。与老子此番话可谓如出一辙。越是伟大的人就越觉得自己渺小。这不是妄自菲薄，这是一种积极的悟“道”修身的心态。

正如《庄子·秋水》里氿海神所说的：“井里的鱼不可以和它谈及大海的事，因为它被其活动的区域所限制；夏天的虫子不可以与它谈及冰冻的事，因为它受到时间的限制；孤陋寡闻之士不可以和他谈及大道，因为他被其所受的教育束缚。现在你摆脱了河道的限制，看见了大海，知道了自己的鄙陋，可以和你谈谈大道了。天下的水，没有比大海更大的。所有的河流都归向大海，没有停止的时候，但大海并不因此而盈满；海水从尾闾排泄出去，没有停止的时候，但海水却并不因此而减少；无论春天还是秋天，大海都是一样；无论水灾还是旱灾，大海都不受影响。大海超过江河的水量，简直无法用数量来计算。但是，我并没有以此而自满。自以为从天地的赐予中获得了形体，从阴阳那里禀受了生气，我在天地之间，就好比小石头小树木在大山上一般，只存有自以为小的念头，又怎么会自满呢？中国在四海之中，不就像小米粒在大仓中一样吗？”

物类的名称有万种之多，人类不过是万物中的一种；人众群聚于九州，粮食所生长的地方，舟车所通行的地方，个人只是人类中的一分子；人类与万物相比，不就像一根毫毛在马身上一样吗？

生活中总有一些人自我感觉特别好，优越感极强，总感到自己比他人强，处处、事事、时时都显示出一付盛气凌人的样子，自以为是，对他人说起话来总有一副老大的味道，不会平等待人……但是几乎每个人都喜欢被他人尊重，因此对这种高傲无理的人会采取敬而远之的态度。这种人，一般是处理不好人际关系的。

别忘了，山外青山楼外楼，强中自有强中手。

完全按自己的主意行事，与人相交合则留，不合则去；比自己强的人不接近，比自己差的人不迁就。这样高傲的人生活得一定不会快乐，自己的心灵也很寂寞，也会感到压抑。正确的做法是：比自己强的人，谦虚地和他相处；比自己差的人，也谦虚地和他相处；把功利放在一边，把评价放在一边。何况功利与评价并不是一成不变的。

因此，谦虚自然地与人相处，别人舒服，自己也舒服。

谦虚不是抬高了别人，也不是踩低了自己。谦虚恰恰是一种能容忍他人的能力，是一种成功者的胸怀。

阳子居往南方的徐州去，恰巧碰到老子向西去秦国的某地方。郊外相逢，阳子居自以为有学问，态度傲慢，老子便深为阳子居惋惜，直率地当面批评阳子居：“以前我还认为你是个可以成大器的人，现在看来不可教诲啦。”

高傲的阳子居听了老子的话心里很不舒服，后悔自己当时为什么那样。

回到同住旅店后，阳子居觉得自己应当做得自然一些，起码要敬重长者，敬重有道德学问的老先生，便主动给老子拿梳洗工具，脱下鞋子放在门外，然后膝行到老子面前，谦虚地说：

“学生刚才想请教老师，老师要行路没有空闲，因此不便说话。现在老师有空了，请您指教我的过失。”

老子说：“想想看，你态度那么傲慢，表情那样庄严，一举一动又如此矜持造作，眼睛里什么都没有，这样，将来谁和你相处呢？人，没有他人围绕着你，行吗？应该懂得：最洁白的东西好像总有些污秽的感觉，德行最高尚的人总认为自己远不十全十美，学问虽深切地了解了，在许多方面也是不行的。知道自己不行，你才知道自己真正行的地方；眼睛里只看到自己行，实际上，你哪个地方都不明白。”

阳子居先是吃惊，渐渐地脸上浮现惭愧的神色，谦虚地说：“老师的教导使我明白了道理。”

开始，阳子居在去徐州的路上，旅舍客人恭敬地迎送他。他住店时，老板为他摆座位、送手巾，大家也给他让座。虽然恭敬，但彼此都不舒服。接受老子教诲后，阳子居态度平和，为人谦逊，归途住店，客人都随意地和他交谈，他也感到和大家相处很亲切。

“人外有人，天外有天”这句俗语其实很好理解。人外面自然应该有人，除非这世界上只有一个人。天外面应该还有天，除非天只有你看见的那一片。

“人外有人，天外有天”的哲言告诉我们，当我们自己在某方面很出色、很优秀的时候，不要骄傲、不要自满。因为这个世界很大，人非常多，一定会有人比我们在这方面更出色、更优秀。

对一个人来说，无论做什么，要想做得顺利、做得好，自信是必不可少的要素之一。但是要小心，千万不要让自信发酵成了自大。

时时提醒自己做个正直的人

原典

使我介然有知，行于大道，唯施是畏。大道甚夷，而民好径。

解读

明白了事理之后，行走在人间，最怕的是误入邪道。人间正道既宽阔又平坦，可是世人却偏偏爱走歪门邪道。

老子是个智者，更是个正直的人，他时时警惕，生怕自己误入歧途，做出有愧于心的事来。老子思想深不可测，老子的为人更是流芳百世，当为后人之楷模。

《易经》中有一个著名的故事，说明假如你不中不正，占卜有好结果也没有用。一位王母与奸夫一起，为了窃国陷害天子，结果事情败露。她去占卜，得了一卦，卦师告诉她：可以走，还是吉。但王母自己都知道死期已到，不会走得了的。她说：像我这样不忠不贞的人，做了这样不中不正的事，即使得了好卦，有了指点，也不会逃脱得了。此事不可占也！

轻视道德的威力，纵容自己为所欲为的人，都难逃正义的审判，因此，君子应当效法大地，以宽厚的德行，负载万物。做人首先要宽厚为怀，这是基础。

《易经》中说：“直、方、大，不习无不利。”

这里强调了厚德的基本原则是，直率、方正、宽大；正直，端正，广大。直，是公正无私的正直；方，是处世果断有方的才干；大，是宽大为怀的气量。这是每一个人处世所必须具备的人格魅力。

有一位将军在一次军官会议上说：

在很短的期间内，你们之中的每一个人都将控制另外某些人的生命。你们将领导一些忠于国家但未经训练的公民，他们将接受你们的指挥与领导。你们所说的话就是他们的法律。你们随口说出的每一句话都被他们铭记在心。你们的态度将被模仿。你们的服装、你们的举止、你们的言谈、你们的指挥态度，都将被模仿。

当你们加入自己的部队时，你们将发现，有这么一群人，他们对你们并无所求，只希望你们能表现出一些才能，获得他们的尊敬、效忠与服从。他们已准备妥当，急于追随你们，只要你们能使他们相信你们具有这些才能。当他们认为你们并未拥有这些才能时，你们最好自己挥手道别吧，你们在那个部队中已经没有任何用处了。

几天之后，你们之中的大多数人都将接受委任，出任军官。你们一定要善待他人，而且要多多善待属下，而不是去巴结上司。

我们在读这段演讲时，也许不以为然，因为这是一位早已过时的不知名的将军的演讲，是与现代社会有着很大距离的文化背景和时代背景下的即兴表述。

可是我们要知道，一个正直、有才干、有胸怀的人，实际上就已具备了指挥将士们冲锋陷阵的大将的处世风度。这种风度正是“直、方、大”综合品质的凝结和发散。有了这种处世风度，不需要你亲自上前线，仗一定能打赢，这就是“不习，无不利”的秘诀。

按照《易经》的说法，直即正，方指义。如果一个人能够以敬畏和谨慎的态度，使内心正直，又能以正义的准则作为自己外在的行为规范，他的德行就不会孤立。如果不孤立，得到大家的拥护，离成功还会远吗？

“德”是修身养性的甘霖

原 典

道生之，德蓄之。

解 读

道生万物，而德是蓄养万物、修养身心最醇美的甘露。

一个人从出生的那一刻起，如果这辈子不想以一具行尸走肉的状态立于世上，就必须时刻与“德”为伴，让“德”滋养你一生。

让“德”滋养你一生，很简单，通俗地讲，就是一辈子做个好人，一辈子与人为善。这话说时容易，可是要真正实践它并不容易。“做一件好事并不难，难的是做一辈子好事”，简单的话语道出了最深层次的哲理。

修身本不是一件一蹴而就的事，这是一个长期的过程，不是说你做了一些惊天动地的好事就算修成正果了。再说，做惊天动地的好事也确实需要环境和际遇，不是一般人能做得出的。可人性本善，只要我们有意识地提高自己的修养，每天做一些力所能及的小小善举并不难。

他的父亲是位大庄园主。

7岁之前，他过着钟鸣鼎食的生活。20世纪60年代，他所生活的那个岛国突然掀起一场革命，他失去了一切。

当家人带着他在美国迈阿密登陆时，全家所有的家当，是他父亲口袋里的一沓已被宣布废止流通的纸币。

为了能在异国他乡生存下来，从15岁起，他就跟随父亲打工。每次出门前，父亲就这样告诉他：只要有人答应教你英语，并给一顿饭吃，你就留在那儿给人家干活。

他的第一份工作是在海边小饭馆里做服务生。由于他勤快、好学，很快便得到老板的赏识。为了能让他学好英语，好心的老板甚至把他带到家里，让他和他的孩子们一起玩耍。

一天，老板告诉他，给饭店供货的食品公司招收营销人员，假若他乐意的话，自己愿意帮助引荐。于是，他获得第二份工作，在一家食品公司做推销员兼货车司机。

临去上班时，父亲告诉他："我们祖上有一条训诫，叫'日行一善'。在家乡时，祖辈们之所以成就了那么大事业，都得益于这四个字。现在你到外面去闯荡了，最好能记得。"

也许就是因为这四个字吧，当他开着货车把燕麦片送到大街小巷的饭店时，他总是做一些力所能及的善事，比如帮店主把一封信带到另一个城市；让放学的孩子顺便搭一下他的车。就这样，他乐呵呵地干了四年。

第五年，他接到总部的一份通知，要他去墨西哥，统管拉丁美洲的营销业务，理由是这样的：该职员在过去的四年中，个人的推销量占佛罗里达州总销售量的40%，应予以重用。

后来的事，似乎有点顺理成章了。他打开拉丁美洲的市场后，又被派到加拿大和亚太地区；1999年，被调回了美国总部，任首席执行官。

就在他被美国猎头公司列入可口可乐、高露洁等世界性大公司首席执行官的候选人时，美国总统布什在竞选连任成功后宣布，提名卡罗斯·古铁雷斯出任下一届政府的商务部部长。这正是他的名字。

后来，卡罗斯·古铁雷斯这个名字蜚声世界，然而，世人很少知道古铁雷斯成功背后的故事。《华盛顿邮报》（Washington Post）的一位记者去采访古铁雷斯，就个人命运让他谈谈看法。古铁雷斯说了这么一句话：“一个人的命运，并不一定只取决于某一次大行动；我认为更多的时候，取决于他在日常生活中的一些小小善举。”

之后，《华盛顿邮报》以“凡真心助人者，最后没有帮不到自己的”为题刊发了一篇报道，在这篇报道中，记者说，古铁雷斯发现了改变自己命运的简单武器，那就是“日行一善”。

就是这么简单，日行一善，不论大小，积少成多，积小成大，最终会改变你的命运。

智者都明白成人达己的道理

原典

是以圣人后其身而身先；外其身而身存。非以其无私邪？故能成其私。

解读

圣人做任何事时，先考虑公众利益，后考虑自己的好处，反而常被推为领袖。常把自己生死置之于度外，因此圣人反而受到大众的保护。这不就是因为不自私而得到的好处吗？当然他做事会得到成功。

老子“非以其无私邪？故能成其私”的论述，堪称人生智慧的经典。老子这句话所说的人生智慧就是：人们如果以无私的心去帮助别人，最终受益的将会是自己。

或许很多人都无法理解这一智慧的现实意义与真实性，然而在现实生活中，这样的人生智慧却一直在影响着我们，只是它只存在于少数能够看到这点的人身上而已。

美国南部的一个州，每年都举办南瓜品种大赛。有一个农夫的成绩相当优异，经常是首奖及优等奖的得主。他在得奖之后，毫不吝惜地将得奖的种子分送给街坊邻居。

有一位邻居就很诧异地问他：“你的奖项得来不易，每季都看你投入大量的时间和精力来做品种改良，为什么还这么慷慨地将种子送给我们呢？难道你不怕我们的南瓜品种因而超越你的吗？”

这位农夫回答：“我将种子分送给大家，帮助大家，其实也就是帮助我自己！”

原来，在这位农夫居住的地方，家家户户的田地都毗邻相连。如果农夫将得奖的种子分送给邻居，邻居们就能改良他们南瓜的品种，可以避免蜜蜂在传递花粉的过程中将邻近较差的品种花粉传播到自己的瓜田，这样这位农夫才能够专心致力于品种的改良。相反的，若农夫将得奖的种子私藏，则邻居们在南瓜品种的改良方面势必无法跟上，蜜蜂就容易将那些较差的品种花粉传授给自己的南瓜，这样他必须在防范外来花粉方面大费周折。

由此可见，这位农夫大公无私地奉献，最终受益的还有他自己。

许多人做事情的时候喜欢将事情做绝，这就如同做生意的“一锤子买卖”一样（从不给别人留下任何喘息的机会），这样的人目光短浅，丝毫看不到其中的利害，以至于做人失败，做生意亏本。

做人就应该将目光看得远一些，不把事情做绝，这样也是为自己留条“后路”。

战国时期，齐国的孟尝君广招天下宾客，不管宾客有无才能，他都一律以礼相待，奉为上宾。

有人劝孟尝君不要这样，说：“你志在求取贤人，帮助你建功立业，如今很多无才无德的人混了进来，骗吃骗喝，为何你却视而不见？”孟尝君说：“留下他们，我只不过破费些钱财；可赶走他们，他们就会以我结仇了，谁知道会有什么祸事发生呢？”

孟尝君这样仁义，可有人还是不领情，一个宾客竟勾搭上了他的一个小老婆。这是男人都难以接受的事，但孟尝君知道后却十分平静。他不主张惩治那个宾客，反而为他开脱说："男人喜爱美色，这是人之常情。要怪，也只能怪我的小妾淫荡无耻了。如果她遵守妇道，这种事就不会发生了。"

孟尝君的手下人又气又怒，坚持要给那个宾客治罪，他们说："你讲仁义，原谅他人的过错，所以他们才会胆子越来越大。如今这种无耻的事都出来了，再不严办，我们都没脸待下去。你三番两次替坏人说话，到底为了什么呢？"

孟尝君说："为了我自己啊！树大招风，说不上哪一天我就会大难临头，到了那时，只有我的仁义才会救我。人心都是肉长的，我今天给人留条活路，他日人家才会卖力帮我。这也是我不咄咄逼人的原因。"

一年之后，孟尝君又推荐那个宾客到卫国为官。那个宾客感动万分，日思夜想报答孟尝君的恩情。

后来，齐国和卫国关系恶化，卫国国君想要联合其他诸侯攻打齐国。这时，那个宾客冒死进谏，他对卫国国君说："我并没有什么才能，多亏孟尝君的推荐，这才被大王器重。大王和齐国交战违背盟约，也不会占什么便宜，不该草率。大王如果坚持攻打齐国，我就死在大王的面前。"

在那位宾客的努力下，齐国避免了战祸，渡过了危机。孟尝君遇到多次挫折，都依赖他的宾客之力一一化解。他关心别人，为他人着想，结果受惠最多的还是他自己。这就是他屹立不倒的根本原因。

许多人求功心切，为了达到自己的目的，损人利己，他们认为只有这样才能很快有所成，其实他们大错特错了。成功需要别人相助，灾难更需要他人援手，没有朋友便会死路一条。如果一个人极端自私，人们自会处处和他过不去，拆他的台，这样的人绝不会有大成就的。

"一分耕耘，一分收获"，我们不要总想学会如何去得，还要学会如何去舍，懂得了付出才会懂得取得，有付出才能有回报，没有无回报的付出，同样也没有无付出的回报，付出越大，回报越大。于人于己也是如此，只有为别人着想，别人才会反过来帮助自己。

用平等之心看天下

原 典

是以圣人抱一为天下式。

解 读

圣人以自然的观念去看待天下一切现象，对待一切人事物，都采取平等之心，也就是没有分别之心。

由于个人差异，每个人在社会中的地位同样存在着差异，这样的差异就使一些人内心的天平失去了平衡——在自认为毫无利用价值、地位低下的人面前，他们显得高人一头，对于其不屑一顾，甚至对人略带鄙视。

而老子认为，“圣人抱一，为天下式”。他觉得有修养、有成就的人对待一切人事物，都应采取平等之心，不存区别之心。

摆正心中的天平，以公正之心平等待人，是一个人美好的情操和风范。在这一点上，伟人周恩来堪称楷模。

在倡导“求同存异”的万隆会议上，周恩来阐述了新中国外交的原则立场：国家不分大小一律平等。他在这次会议上发言说：“我们重视这个问题，因为我们是一个大国……由于历史的传统，大国容易对小国忽视和不尊重，因此我们经常检讨自己。到会的各国代表中如果有任何人觉得中国代表团对任何一国代表不尊重，请指出来，我们愿意接受意见并改正。”

周恩来终身信守“平等待人”这一诺言。这也是他同外国人士经常谈到的一个主题。特别是对来自亚洲、非洲、拉丁美洲的朋友们，他时常虚心地询问他们对我们的工作有什么意见，是否发现我们有大国沙文主义的错误。直到他病重住院期间，他最后几次会见外宾时，仍然不倦地说明中国永远不称霸的方针。

周恩来在国际交往中平等待人的态度受到了国际舆论的普遍称赞。他对小国的尊重和体谅，尤其鲜明地体现了新中国平等对待他国的风格。1954年，许多国家派代表团参加我国建国5周年庆祝活动。在分配接待任务时，剩下欧洲一个小国外长率领的代表团无人负责，周恩来便自告奋勇负责接待。他说，我们是大国，但不能歧视小国。我们应该尊重别国的民族感情。这件事对外事工作者是一次深刻的教育，令人至今难忘。

人人都有面子，人人都要面子。在社会中，人们信奉“你敬我一尺，我敬你一丈”的人生信条，因此在待人处事上，应当抱着尊重任何人的态度，不要因为工作分工不同而轻视他人。

某单位有两个年轻人住单位的集体公寓。两人也许都在恋爱阶段，经常很晚才回宿舍。其中一个后半夜回来了，总是一边敲门一边呵斥值班老人。老人三更半夜爬起来为他服务。一次，老人刚准备开门，门外的年轻人嫌老人动作慢，大声骂道：“我当你睡死了，叫了半天不见动静。”老人家听见了，收起钥匙转身回屋睡觉去了。年轻人叫嚷了半天，老人就是没搭理，只好在外面待到天亮。另一个年轻人就有礼貌多了，每每经过门口，一定向老人打个招呼问声好；无论有多么要紧的事，到了门口都一定下车对老人点点头；晚上回来，无论早晚，总是轻轻地叩门，“大爷大爷”甜甜地叫。值班老人得知他回来时，也总是笑吟吟地快步出来把门打开。

每个人的人格都是平等的，意味着每个人都应该受到同等的尊重。尊重他人意味着尊重他人的人格，是人与人交往的基本要求，是每个人应有的对待他人的态度和方式，而不应因人们之间所存在的先天或后天的差异区别对待，也唯有这样我们才能受到别人的尊敬。

世间存百态，世象有纷繁，每个人在生命舞台上扮演的角色不尽相同。因而，人们的生活态度、生活方式也迥然不同。但不管怎样，面对生活，我们在待人接物方面都应摆正心中的天平。

天道公平，作恶必受惩

原典

天网恢恢，疏而不失。

解读

天道如网，广大无垠。看似疏散，但却没有漏失。

历史的罗网恢弘无边，尽管网眼稀疏，却不会漏掉一个坏人。须知，天道公平，作恶必将受到处罚。

三国时刘备在白帝城临终托孤时，仍不忘谆谆告诫刘禅："勿以善小而不为，勿以恶小而为之"，刘备一世英雄，留下的名言不多，唯有这句话流传千古，而且给后人永久的启示：奉劝人们不要因为某个坏习惯不起眼就不重视，这句话看似比较浅显，但却蕴含着很深的哲理。它告诉我们要在日常生活中的细节上加强道德修养，以免因小失大。

白居易为官时曾去拜访道林禅师，他看见禅师端坐在鸟窠边，于是说："禅师住在树上，太危险了！"

禅师回答说："太守，你的处境才非常危险！"

白居易听了不以为然地说：“本官是当朝重要官员，有什么危险呢？”

禅师说：“薪火相交，纵性不停，怎能说不危险呢？”意思是说官场浮沉，勾心斗角，危险就在眼前。

白居易似乎有些领悟，转个话题又问道：“如何是佛法大意？”

禅师回答道：“诸恶莫做，众善奉行。”

白居易听了，以为禅师会开示自己深奥的道理，没想到只是如此平常的话，便失望地说：

“这是三岁孩儿也知道的道理呀！”

禅师说：“三岁孩儿虽道得，八十老翁却行不得。”

白居易被禅师一语惊醒。

“勿以善小而不为，勿以恶小而为之。”谁都知道这个道理，但能够做到的人却很少。

正如佛语所说：“愚昧之人，其实亦知善业与恶业之分别，但时时以为是小恶，为之无害，却不知时时为之，积久亦成大恶。犹水之一小滴，滴下瓶中，久之，瓶亦因此一滴一滴之水而满。故虽小恶，亦不可为之，为之，则有恶满之日。”

有个非常有名的寓言故事，名叫“象牙筷子”，也非常有意思。商纣王刚登上王位时，请工匠用象牙为他制作筷子，他的叔父箕子十分担忧。因为他认为，一旦使用了稀有昂贵的象牙作筷子，与之相配套的杯盘碗盏就会换成用犀牛角、玉石打磨出的精美器皿。餐具一旦换成了象牙筷子和玉石盘碗，接下来就会千方百计地享用各类山珍海味了。在尽情享受美味佳肴之时，则一定不会再去穿粗布缝制的衣裳，住在低矮潮湿的茅屋下，而必然会换成一套又一套的绫罗绸缎，并且住进高堂广厦之中。

箕子害怕这样下去，必定会带来一个悲惨的结局。所以，他从纣王一开始制作象牙筷子起，就感到莫名的恐惧。事情的发展果然不出箕子所料。仅仅只过了5年光景，纣王就到了穷奢极欲、荒淫无度的地步。他的王宫内，挂满了各种各样的兽肉，多得像一片肉林；厨房内添置了专门用来烤肉的铜烙；后园内酿酒后剩下的酒糟堆积如山，而盛放美酒的酒池竟大得可以划船。纣王的腐败行径苦了老百姓，更将一个国家搞得乌七八糟，最后终于被周武王剿灭而亡。

古人说“千里之堤，溃于蚁穴”，如果对小的贪欲不能及时自觉并且有效地修正，终将因为无底的私欲酿成灾难，小则身败名裂，大则招致亡国。我们要时常依照好的准则来检点自身的言行和思想，否则等出现不良后果再深深痛悔都已为时太晚！

人之善恶不分轻重：一点善是善，只要做了，就能给人以温暖；一点恶是恶，只要做了，也能给人以损害。所以，生活中的我们须谨言慎行。从一点一滴之间要求自己，做到为善。只有这样，我们才不至于在人生的沟沟坎坎中马失前蹄，断送我们本该美好的前程。

善恶因心起，为小善可以养心，为小恶则可以损心。

被利益蒙住眼睛就只能任人宰割

原 典

难得之货令人行妨。

解 读 贪图世间难得的奇异珍宝、功名利禄，就很容易使人作出错误危险的判断，从而给自己带来祸害。

作为凡夫俗子，利益当前很少有人能做到面不改色心不跳，这好像是人的本能使然，似乎也无可厚非。但问题是有多少人能看透利益和诱惑背后的凶险？

作为道家思想的继承人，庄子很会用寓言故事来讲述哲理，在《庄子·列御寇》里他讲了这样一段故事：有一个人去拜会宋王，宋王赐给他车马十乘，他回来后就在庄子面前炫耀。庄子说：“河上有一个穷人家，依靠编织苇席为生。他家的儿子潜入深渊，得到一枚价值千金的宝珠，父亲对儿子说：‘用石头把这宝珠砸了吧！价值千金的宝珠，必定出自深潭中黑龙的下巴下面，你能轻易地获得它，一定是正赶上黑龙睡着了。倘若黑龙醒过来，你还想活着回来吗？’如今宋国的险恶，远不止是深潭；而宋王的凶残，也远不止是黑龙那样。你能从宋王那里获得十乘车马，也一定是遇上宋王睡着了。倘若宋王醒过来，你也就必将粉身碎骨了。”

庄子这个讽刺是多么辛辣！你以为自己得到了很大的利益吗？其实那只不过是睡着了的黑龙给你的一点蝇头小利罢了，一旦它醒过来，你要遭受的就是粉身碎骨的灭顶之灾！

但是对于现代人来说，又有多少人能够拒绝从天而降的名利呢？人们往往只能看到小牛披着锦绣、吃着草料和豆子的风光，但是看不到它被宰杀作为祭品的悲惨。即使是看到了，大多数人也会认为如果自己是那头牛，是完全可以避免这种厄运的。这就是人们由于利益驱动而造成的短视，也是现在弥漫在各色人群中的只注重“短期利益”的行为。

因为只注重“短期利益”，所以最终是不是会遭受被宰杀的命运，对于人们来说好像并不重要，有人说，这是要今朝有酒今朝醉，哪管明朝是与非。好吧，不管明天是继续飞黄腾达，还是跌落泥潭，只要今天有名有利有吃有喝就无所谓。这种想法，会不会太可笑呢？

也许是因为科技的发展，现代人不再像古人那样相信灵魂与轮回，认为只有眼前的享受才是真实的，这样也就缺少了一些道德的束缚，以前常说的“百年大计”会让他们觉得太漫长，不可思议。过去人们常想着“前人栽树，后人乘凉”，而现代人想的是“儿孙自有儿孙福”，只要顾好自己就够了。

所以，盲目且短视的行为屡见不鲜，不仅体现在对名利的追求上，还体现在人们对待生存环境上。谁都知道资源是有限的，谁都知道地球的环境在恶化，谁都知道应该珍惜水源，可是乱扔垃圾、浪费资源、吃珍稀野生动物并用它们的毛皮做衣服……这种种行为仍然每天都在频繁地上演。为什么会这样？就是因为知道是一回事，可是那个知道的事太遥远了，是明天的事，明天要发生的事现在看不到，所以可以当做永远不会发生。只要自己今天可以拧开水龙头就有水可以用，哪里又会有多余的心思去考虑后代子孙是不是要生活在一个水比黄金更贵重的环境里呢？

正是由于这种只顾自己不管他人的自私、短视行为，想要人们像庄子一样清醒地意识到突如其来的名利背后隐藏着怎样的危险，并且果断地拒绝，那真是太难了。

见到利益就想得到，而且越多越好，这是人们常有的心理。

在春秋末年，晋国有一个当权的贵族叫智伯。他是个名不副实的人，不仅没有智慧，而且蛮横无理、贪得无厌。智伯本来拥有很大一块土地，但还平白无故地向魏宣子索要土地。

魏宣子也是晋国的一个贵族，他很厌恶智伯的贪婪，不想给他土地。魏宣子的一个臣子叫任章，就对他说："您最好把土地给他。"

魏宣子不解地问："我凭什么要白白地送土地给他呢？"

任章说："他无理求地，一定会引起邻国的恐惧，邻国都会讨厌他。他一定会利欲熏心，不知满足，到处索要，这样便会引起整个天下的忧虑。您给了他土地，他就会更加骄横起来，以为别人都怕他，他也就更加轻视对手，而更肆无忌惮地骚扰别人。那么他的邻国就会因为讨厌他而联合起来对付他，那时他的死期也就不远了。"

魏宣子听了若有所悟。任章又接着说："《周书》上说，'将要打败他，一定要暂且给他一点帮助；将要夺取他，一定要暂且给他一点甜头'。所以，我说您还不如给他一点土地，让他更骄横起来。再说，您现在不给他土地，他就会把您当做靶子，向您发动进攻。那您还不如让天下人都与他为敌，让他成为众矢之的呢。"

魏宣子立刻改变了主意，割让了一大块土地给智伯。

果然就像任章所分析的那样，尝到甜头的智伯接下来便伸手向赵国要土地。赵国不答应，他就派兵围困晋阳。这时，韩、魏联合，趁机从外面打进去，赵国在里面接应，在里应外合、内外夹攻之下，智伯很快就被消灭了。

在这个故事里，智伯是深为利益所迷惑的人，他贪得无厌，四处勒索，可是他却没有发现，当别人轻而易举就答应他的要求，给予他想要的利益时，距离自己灭亡的日子也就不远了。

这正是被利益蒙住了眼睛的短视行为，在这种短视和贪婪的情形下，悲惨的结局必将会注定发生。所以拒绝骄横、告别野蛮，人才能轻松地生活。

少私寡欲，心无忧

原典

见素抱朴，少思寡欲，绝学无忧。

解读

保持纯洁朴实的本性，减少私欲杂念，抛弃圣智礼法的浮文，才能免于忧患。

从老子“见素抱朴，少思寡欲，绝学无忧”的话里，我们不难发现“少私寡欲”是有利于无忧的。“少私寡欲”用现在的话来说就是减少自身的私心和欲望

事实证明，人们的私心和欲望越多，在这些私心和欲望上花费的精力和时间就要相应地增多。凡事都应有一个限度，一旦这样或那样的私心、欲望过多，就会消耗掉我们过多的精力和时间，打破原本正常的生活秩序和心态，许多悲剧的发生也源于此处——

五代时，后唐的皇帝李存勖以救国救民号召百姓，招募将士，先后灭掉了后梁等国，势力达到了顶点。

天下略为安定后，李存勖开始贪图享乐，他对大臣们说：“我军征战

多年，今日有成，应该休息罢兵，享受太平生活。”

李存勖从此不理朝政，天天忙着看戏玩乐，一些忠直的大臣也被他疏远了。

皇后刘玉娘特别爱财，她把国库窃为已有，积攒了堆积如山的财宝。她任用自己的亲信做捞钱的肥差，四处暴敛，到处横征，百姓怨声载道。

忠心的大臣把刘玉娘的行为报告给了李存勖，他说：“当天下人的君主，应该关心天下人的生死，这样人们才能爱戴他，国家也会安定。现在皇后只顾自己捞钱，全不管百姓如何生活，这样下去要出大事的，皇上一定要好好管教她。”

李存勖这时也失去了往日的爱民之心，他为皇后辩护说：“筹钱粮，救民于水火，百姓一定会感激皇后的仁德，誓死保卫国家。”

当时连年大旱，那些血战数十年将士的父母妻儿连充饥的草根都挖不到。宰相建议暂时借用皇宫里堆积如山的金银绸缎给将士救死，等国库充足时，再如数归还。

刘玉娘把国库的东西视为自己的财产，她拒不交出赈灾，还生气地说：“你是宰相，救济百姓是你的事，与我有什么关系？”

她只拿出两个银盆，让宰相卖了当军饷。宰相长叹一声，掉头就走，他对自己家人说：“皇上、皇后只为自己享乐积财，这样怎能治理好国家呢？他们太自私了，国家一定会灭亡，我们也另做打算吧。”宰相也不管事了，朝廷陷于瘫痪。

时间不长，大将李嗣源就率兵反叛。李存勖领兵平乱，愤怒的士兵纷纷投向叛军，不愿再为李存勖卖命。

李存勖见事不好，急忙用重赏安稳军心，他对士兵们说：“我带领你们打天下，绝不是为了我自己，是为了你们啊！这次如果平定了叛乱，你们每个人都有重赏，我说到做到，绝不食言！”

士兵们早不相信他了，这时见他还在说谎，不禁更加愤怒。他们发动了兵变，乱箭射死了李存勖。刘玉娘逃进了尼姑庵，也被士兵搜出，把她绞死。

李存勖、刘玉娘平时不知关爱将士百姓，只是自己享受捞钱，结果导致了国家灭亡，他们死不足惜。

一心为私的人是干不成大事的，他可以利用人于一时，一旦被人识破真面目，所有人都会离开他，反对他。为多数人谋取福利，首先要放弃个人的私利，这样才能处事公平，赢得世人的信任。

正所谓，无欲则刚强，无私才博大。有的人把个人的利益、名声、地位、权势看的高于一切，地位略有动摇，利益稍有损失，权势稍有削弱，就看成是大祸临头，结果生活得非常痛苦。只有解脱名利的羁绊和生死的束缚，只有完全从自我占有、自我为中心的心态中超脱出来，这时我们的心灵世界才能像浩瀚的天空，任鸟儿自由飞翔。

人生在世，有成功、有自豪，也有失败和失落，如何面对，不仅反映出一个人的觉悟、境界，同时也是一种现实考验。不论在什么情况下，对个人的名利、进退、荣辱，都要看淡一些、超脱一些，像古人说的那样“去留无意，看庭前花开花落；宠辱不惊，望天上云卷云舒”“无故加之而不怒，猝然临之而不惊”，事业成功了，不沾沾自喜、忘乎所以；个人进步了，不孤芳自赏、洋洋得意。要调整好心态，把握住自己，脚踏实地往前走，始终以高昂的精神状态和一流的工作标准谋事尽责，多做贡献。

隐形“杀手”

原 典

圣人为腹不为目，故去彼取此。

解 读

圣人生存在世间，无生存之虞就已知足，不求多余的感官刺激；因而抛弃外在的追逐，只取内在的满足。

老子针对当时社会中人丧失自我于物欲、迷失本性于世俗的现象，阐述了修身养性的道理。他认为“圣人为腹不为目，故去彼取此”——圣人对生存的条件并不苛刻，他们没有过多的贪欲，只追逐内心的满足。

像老子这样对人与社会认识透彻的人，对于人生的态度是不会过于激进的。他们知道人事的微妙和社会的错综复杂，如履薄冰是他们真实的感觉，很少有放松的时刻。烦恼都是因事情而起，而好事也绝非那么的单纯。其实，人们眼中的美事儿有许多都是虚幻的，它们能让人逐步堕落，过分的追逐物欲只能给人们带来一时的快乐，而引发的祸患却是长久的。

春秋时期，越国被吴国打败，越王勾践带领残兵逃到会稽山上，被吴军团团围住。勾践派人向吴王夫差请降，夫差不答应，勾践几乎绝望了。

这个时候，勾践的谋臣文仲、范蠡为他出主意说：“吴国大臣伯嚭十分贪财，他现在正受夫差宠信，如果用重礼向他行贿，他一定会为我们说好话的。”

勾践于是让文仲带上大量金银财宝，又选了八位美女，前去求见伯嚭。

伯嚭偷偷地接见了文仲，他一见重金和美人，心中就高兴起来。文仲对他说：“我奉命来见你，是不想让好事给别人占去啊。财宝和美人都在这里，只要你肯替我家大王美言几句，让吴王退兵，这些就都是你的了。”

伯嚭说：“越国灭亡了，越国的东西都会归吴国所有，这点东西又算得了什么呢？你是骗不了我的。”

文仲早有准备，他马上说：“如果是这样，越国的一切也是都归吴王所有，你是得不到半点好处的。何况只要越国不亡，我们定会时时记得你的恩德，进献永远不会停止。这是天大的好事，聪明人是不会拒绝的。”

伯嚭觉得文仲说得在理，于是收下美人和财宝，答应替越国求情。

伯嚭的一位心腹看出了问题，他对伯嚭说：“越国送钱送人，看是好事，实际上这是陷你于不义啊！他们现在有求于你，才会这样，哪里是他们的真心呢？收下礼物，以后的麻烦就大了。”

伯嚭不听规劝，从此百般在吴王面前说勾践的好话，越国终于保存下来。

勾践在吴国做人质期间，文仲给伯嚭送礼无数，从未间断。伯嚭不停地为勾践进言，帮助他回到了越国。

勾践灭掉吴国后，伯嚭自以为有功，欢天喜地拜见勾践。勾践对他说：“你贪财好色，出卖自己的国家，还有脸见我吗？”

勾践杀了伯嚭，他的家人也一个不留。

伯嚭让主动上门的好事迷住了双眼，不厌其多，结果搭上了自己和全家人的性命，还断送了吴国。他不问青红皂白，见好事就要，这是他贪婪幼稚的表现，注定要有那样的下场。

不要过分去追逐那些“生不带来死不带去”的虚空幻物，各种贪欲就不会成为扼杀我们美好人生的隐形杀手。换句话说，人生少一分贪念，便会多一份快乐、多一份幸福。

五、静笃安久

静动合一的生活状态

在老子眼里，静与躁是相对的。老子认为，一个人必须遵循“道”的准则坚守虚静，不要轻易流露自己的欲望和意图。而重要的是顺乎自然、恪守天道、清心寡欲、淡泊名利。他指出，为什么历史上身为大国的君主，却以轻率躁动的行为来治理天下呢？这是因为轻率就失去了根基，躁动就必然丧失主宰。因此，要求我们要学会包容一切，保持清静深厚状态，真正做到虚静寂寥、虚怀若谷。反之，气躁心浮必定会使人一无所成。

当于静处品人生

原 典

致虚极，守静笃。

解 读

追求虚空的极点，安住于极深的禅定之中；宇宙万物相互运作生长，我们得以观察到它们的本根源头。

老子说："致虚极，守静笃"，讲的就是要我们以一种虚空的心态，去守静与守笃。"守静"就是守住安静的心情，"守笃"就是守住实在。

外表看似安静的人，实则他的内心不一定平静；真正的安静是实在的、踏实的，所以很舒服，而不是一静下来心里就空得慌。

问问自己：为什么我们要那么紧张？能不能不紧张呢？今天的生活太紧张，把自己逼迫得太厉害，疯狂地赚钱、工作，结果得不偿失，所得到的物质财富并不能弥补失去的精神财富。那么，我们何不学学老子"致虚极，守静笃"的智慧，让自己的心平静下来品味生活的乐趣呢？

有一位成功的商人，虽然赚了几百万美元，但他似乎从来不曾轻松过。一天，他下班回到家里，走进餐厅。

餐厅中的家具都是胡桃木做的，十分华丽，有一张大餐桌和六张椅子，但他根本没去注意它们。

他在餐桌前坐下来，但心情十分烦躁不安，于是他又站了起来，在房间里走来走去。他心不在焉地敲敲桌面，差点被椅子绊倒。

他的妻子这时候走了进来，在餐桌前坐下。他说声你好，一面用手敲桌面，直到一个仆人把晚餐端上来为止。

他很快地把东西一一吞下。他的两只手就像两把铲子，不断地把眼前的晚餐一一“铲”进口中。

吃完晚餐后，他立刻起身走进起居室去。起居室装饰得富丽堂皇，意大利真皮大沙发，地板铺着土耳其的手织地毯，墙上挂着名画。他把自己投进一张椅子中，几乎在同一时刻拿起一份报纸。他匆忙地翻了几页，急急瞄了瞄大字标题，然后把报纸丢到地上，拿起一根雪茄。他一口咬掉雪茄的头部，点燃后吸了两口，便把它放到烟灰缸里去。

他不知道自己该怎么办。他突然跳了起来，走到电视机前，打开电视机。等到画面出现时，又很不耐烦地把它关掉。他大步走到客厅的衣架前，抓起他的帽子和外衣，走到屋外散步。

他这样子已有好几百次了。他在事业上虽然十分成功，但却一直未学会如何放松自己。他是位紧张的生意人，并且把职场上的紧张气氛从办公室带回家里。

这个商人没有经济上的问题，他的家是室内装饰师的梦想，他拥有四部汽车。可以说，这个商人已经拥有了一切所需，然而他却不懂得如何去享受这些生活、享受这些快乐。因此他是不快乐的。

在这个日益繁忙的社会中，大多数人都变得如同这个商人一般焦躁不安、迷失了快乐。唯一可以改变这种状态的办法便是保持心灵的宁静，在静处细心体味生活的点滴，让生活重归宁静。

老街上有一铁匠铺，铺里住着一位老铁匠。由于没人再需要他打制的铁器，现在他以卖栓狗的链子为生。

他的经营方式非常古老。人坐在门内，货物摆在门外，不吆喝，不还价，晚上也不收摊。无论什么时候从这儿经过，人们都会看到他在竹椅上躺着，微闭着眼，手里是一只半导体，旁边有一把紫砂壶。

他的生意也没有好坏之说，每天的收入正够他喝茶和吃饭。他老了，已不再需要多余的东西，因此他非常满足。

一天，一个古董商人从老街上经过，偶然间看到老铁匠身旁的那把紫砂壶，因为那把壶古朴雅致，紫黑如墨，有清代制壶名家戴振公的风格。他走过去，顺手端起那把壶。

壶嘴内有一记印章，果然是戴振公的。商人惊喜不已，因为戴振公在世界上有“捏泥成金”的美名，据说他的作品现在仅存三件：一件在美国纽约州立博物馆；一件在台湾“故宫博物院”；还有一件在泰国某位华侨手里，是他1995年在伦敦拍卖市场上以60万美元的拍卖价买下的。

商人端着那把壶，想以15万元的价格买下它，当他说出这个数字时，老铁匠先是一惊，后又拒绝了，因为这把壶是他爷爷留下的，他们祖孙三代打铁时都用这把壶喝水。

壶虽没卖，但商人走后，老铁匠有生以来第一次失眠了。这把壶他用了近六十年，并且一直以为是把普普通通的壶，现在竟有人要以15万元的价钱买下它，他有点想不通。

过去他躺在椅子上喝水，都是闭着眼睛把壶放在小桌上，现在他总要坐起来再看一眼，这让他非常不舒服。特别让他不能容忍的是，当人们知道他有一把价值连城的茶壶后，总是挤破门，有的问还有没有其他的宝贝，有的甚至开始向他借钱，更有甚者，晚上也来推他的门。他的生活被彻底打乱了，他不知该怎样处置这把壶。当那位商人带着30万元现金第二次登门的时候，老铁匠再也坐不住了。他招来左右邻居，拿起一把斧头，当众把那把紫砂壶砸了个粉碎。肯定有人会说老铁匠的举动是个地道的傻子。然而人的生活观念各有不同，老铁匠非常懂得宁静的宝贵，他实在不愿借钱的人、要钱的人乃至于想偷钱的人把缠绕的焦点放在他身上而扰乱他的正常生活，甚至使他惹上更严重的麻烦。

能在一切环境中保持宁静心态的人，都具有高贵的品格修养。我们每个人都应努力培养自己心理上的抗干扰能力，才能达到“致虚极，守静笃”的境界。

人生如茶，唯有我们静下心来细细地品味它，才能品尝出这杯茶中的芬芳。如果一通牛饮，尝到的只有苦涩或无味。

“止”是内心的修养

原典

孰能浊以止静之徐清？孰能安以久动之徐生？

解读

什么能让浑浊动荡的水变清？只要能静下来，水自然会清。什么能使安静变动进而慢慢显出生机？只要灵活地运作自然会有生机。

人的内心就像流水一样，如果一直动荡不安，就永远不能悟道，也就不能认识自己。想要看清自己的内心，要发现自己内心所潜藏的真正的力量，就必须让心中的杂念、妄想静止，才可以明心见性。

“唯止能止众止”，只有真的安静下来，平稳下来，到达止的境界，才能够使心像止水一样澄清，然后才能开启智慧之门。

止，就是静心，是定，是专一，不仅道家讲究，佛家、儒家也都讲究。比如佛家的禅坐入定，儒家的“止于一”，都与道家的“唯止能止众止”是相通的。因为人一切思想的混乱、烦恼和痛苦都来源于心的乱，心若不能止，烦恼接踵而来，永无宁日。

止是内在的修养，也是对外在行为的一种认定，或许是一个目标，或许是一个方向，或许是一个途径。就好像射线起始的那个点，只不过我们是从射线发散的那一端逆转回来，寻找能让我们止住的那一个点。

由于社会环境的压力，生活得愈久愈会给人带来一种恐惧，人们往往对于自己的人生旅途有着莫名的恐慌。就像古人诗中所讲的“世事茫茫难自量”，前途如何，后果怎样，谁也预见不了，所以就会有很多的不安、很多的恐惧。

如果能将心止住，观照内在，以自己内心的力量去顺应外在的变化，那么这种恐惧和不安是可以消除的。

在陈丹燕所著的《上海的金枝玉叶》一书中，主人公是一个美丽柔婉的女子——郭婉莹（戴西），她是上海著名的永安公司郭氏家族的四小姐，曾经锦衣玉食，应有尽有。时代变迁，所有的荣华富贵都随风而逝，她经历了丧偶、劳改、受羞辱打骂、一贫如洗……但三十多年的磨难并没有使她心怀怨恨，她依然美丽、优雅、乐观，始终保持自己的自尊和骄傲。她一生的经历令人惊奇，让人不禁重新思考：一个人身上的美好品质究竟是怎样生成的？一个柔弱如水的女子怎会坚强如斯？

戴西的一生从容、淡定、安详和尊严。她在悉尼长到6岁，进当地的幼儿园，在离开悉尼之前，她从来不会说中文。1915年年底，郭父为了响应孙中山先生的号召，到上海开办百货公司——也就是后来中国最大的百货公司——永安百货公司。1918年，戴西和母亲及兄弟姐妹们一起离开了悉尼，那时候，她以为她要去一个叫“上海”的餐馆吃饭。回到上海后，戴西被送入中西女塾学习，那是一个西化的女子贵族学校，宋庆龄、宋美龄都是在那里毕业的，那里要教导学生怎么样做沙龙和晚会中出色的女主人，培养学生秀外慧中和坚强的性格。在那里，戴西坚定了一生都要独立的信念。

在那个年代，她是一个秀丽的追求完美的富家小姐，没有参加过什么轰轰烈烈的新文化运动，她眼中的一切都是明亮而美好的。从那个时候起，她的着装完全中国化，第一次穿上了旗袍，然后就一直只穿中式服装——虽然英语仍然是她最常用的语言。她从中西女塾毕业后，成为燕京大学儿童心理系的学生。

心理学让她受益匪浅，20世纪五六十年代，面对各种各样对她心怀恶意的人的折磨，她利用心理学，总能机智地应付。儿子中正回忆起她的时候，常常眼含泪水，但又由衷地笑着说：“我妈妈懂得如何分析利用人的心理来保护自己。她一直说我父亲聪明，其实他只会玩，她才是真正的聪明。”亲戚们回忆起她，总说她是个脸上常常有活泼笑容的女子，总是让人感觉愉快。跟她在一起，空气都好像是经过蜂蜜的熏染一样。

这样的戴西，谁能想象她能经受住后来时代和命运带给她的种种折磨？然而她真的做到了，真正如庄子所说，唯止能止众止。

在1963年以后，戴西和儿子住在上海市区一个狭小的亭子间里，两个人一个月只有24元钱。冬天的时候，从农场干完活回家，她常常要在隔壁的小面馆要一碗清汤素面——8分钱。在农场，她住在鸭棚里，在烂泥地上铺上一层稻草，然后就睡在上面。农场里的人分配给这个“资本家大小姐”的工作是倒粪桶，这不止是劳动，还有侮辱的意思。或许那些人是想看看这个曾经高高在上、养尊处优的富家女是怎样在最肮脏的劳动中流泪的吧。可是戴西表情平静地接受了。

她在农场里倒粪桶、盖房子、烧锅炉，这种种艰苦的工作是她过去连做梦都不曾想象过的，可是她总是愉快地告诉儿子：“你妈妈都能做，没有什么做不来的。”那个时候，这个外表柔弱的女子，开始从她如水的内心里散发出惊人的力量。农场里开批斗会，让别人揭发她的罪行，让她承认莫须有的事情，让她跪在台上，用扫帚打她的脸。面对这一切侮辱，她并没有因此而扭曲自己的性格，也没有变得畏缩和懦弱，她一直都很平静，让自己心如止水。

后来，当外国记者问起戴西在文革期间的生活时，她笑笑回答说：“劳动让我保持了苗条的身材。”她不把自己受的苦给别人看，她让别人看到的是她一直到老都挺直的背。和其他那些谈起文革时受到的迫害就显得无比悲愤的人们不同，戴西不爱说起这些往事，偶尔说起也总是一脸平静：“如果没有那一段生活，如果我和别的姐妹一样到了国外，继续做郭家小姐，我永远不会知道，我的心还可以这样大。我的生活因为这些更加丰富了。”

戴西就像一颗包裹着异香的琥珀，在变故和惊涛骇浪中静止着芬芳，以她如水的宁静和柔婉，淡淡地散发着钻石般明亮的光芒。她是水，她不跌倒于生活加给她的种种磨难，所以那些艰苦和磨难也就微不足道了，不能够影响到她内心的平静。这样的戴西，让人看到一个智慧而理性的女子，虽然温婉柔弱，沉着安然，但却无法击倒。

时至今日，我们的一生或许不会像戴西那样大起大落，或许也不会像她那样经历众多痛苦和侮辱，可是为什么我们面对生活时的恐惧却比她更多更深？反观自己就会明白，我们的心太过动荡，不能静止。如果我们可以像戴西一样心静如水，就会像她一样平静地面对生活，在磨难中坚强起来。

活在当下，以求心安

原典

天地尚不能久，而况于人乎？

解读

天地的自然现象尚不能持久，何况人呢？

老子的这句话应该是针对那些“杞人忧天”的人说的，他们总是感叹活得太累，殊不知这都是自己造成的。每天胡思乱想，为以后那些看不见摸不着的事操心，能不累吗？

过去的早已过去，未来的又遥不可及，所以生活不在别处，就在当下。一旦你明白了这个道理，你就会发现原来自己苦苦追求的就是珍惜现在所有的生活，我们所能做的也是珍惜现在所有的生活，无论清闲还是忙碌，无论富贵还是贫穷，只要用心，你就能生活得无比快乐！

活在当下意味着无忧无悔。对未来会发生什么不去做无谓的想象与担心，所以无忧；对过去已发生的事也不做无谓的思虑与算计得失，所以无悔。人能无忧无悔地活在当下，就不会为一切由心所生的东西所束缚。因此活在当下的人，是愉悦而充实的。

梦想是一碰即碎的泡沫，未来是遥不可及的念想，我们所能把握、所能真实感受的只有现在而已。

在生活中，人们也往往喜欢追寻着一些不切实际的梦想，为此忽视了周围的一切，结果，失去了此刻就没有下一刻，不珍惜现在也就无法拥有未来了。

有一个小伙子，就是不懂得这个道理，总是生活在对未来的梦想中而忽略当下的存在。有一天，他又在想："我要在20岁时找个漂亮的女朋友；30岁成家立业；40岁成为亿万富翁。"正在这个时候，一个神仙出现在他眼前，给了他一只表，说："当你想要时间变快的时候，只要拨动这只表，就可以如愿以偿了。"

小伙子高兴极了，他想快点到20岁，于是就把表向前拨动了一格，一个漂亮的女孩突然出现了，并成了他的女朋友。他想："如果现在就能结婚就更好了。"于是他又转动了表，婚礼上，他与漂亮的女孩并肩而坐，悠扬的音乐和醉人的美酒都出现了。

他心中的愿望层出不穷，于是不停地拨动着表，得到了宽敞的房子、大把的钞票、吵闹的孩子……

时间飞快地过去了，他的梦想都实现了，但生命也很快地走到了尽头。弥留之际，他开始后悔自己以前没有认真享受生活，从不珍惜当下，转眼生命已经到了尽头；如果可以重新来过，他一定会认真地活在每一天，可是后悔已经来不及了，因为那个神仙告诉他，那块表只能向前转，不能向后调。他躺在床上后悔莫及，痛哭流涕。

突然间，他醒了。原来只是一场梦。小伙子欣喜地发现自己又可以享受生活的鸟语花香、蓝天白云了，这一切是多么可爱呀！

一场梦让小伙子懂得了"当下"的意义。活在当下，就是全心全意地投入现在的生活，这样才不会让过去扰乱精神，阻挡着前进的步伐，也不会被未来强拉着盲目地狂奔。

处乱不惊，变弱为强

原典

反者道之动，弱者道之用。

解读

向着相反的方向变化，是“道”的运动趋势。道的作用是“微妙、柔弱”。

在老子看来，“强弱”是相对而言的，不能因为自己表面上的差距就战战兢兢，一有风吹草动就慌了手脚，如果能善于运用“道”的智慧，那么就能遇事不乱，处乱不惊，从而找到制敌良策，变弱为强。

沉着和冷静是办大事者必备的素质，也是老子这一智慧的现代诠释。所谓沉着，就是镇静、不慌不忙；冷静，就是遇见事情不头脑发热，感情用事，而是能够认真地思考，缜密地分析，最终作出对自己最有利的决定。

一群年轻人，经过层层筛选脱颖而出，现在他们正面临最后的考验——一场定时15分钟的考试。谁通过了这次考试，谁就有机会进入这家著名的跨国公司。

试卷上共有40道题，题量大，涉及的知识面很宽，这完全出乎大家的意料——这么多题，一刻钟的时间实在是太仓促了。许多人一拿到试卷，连半秒钟也不想浪费，立刻做起题来，全然不顾监考官“请大家先将试卷浏览一遍，看清要求再答题”的忠告。

虽然许多考生因为没有答完而显得非常不甘心，但试卷在一刻钟之后还是被全部收完。总经理来到考场，当场亲自批阅试卷。他很快地翻遍所有的试卷，然后从中挑出了5份。这5份试卷的卷面有一个共同特点，即第1至37题全都没做，仅回答了最后3个问题。而其他试卷上的答题情况看上去则好得多，做了前面的不少题目，最多的一个人做到了第29题。

总经理当场宣布，公司将录用那5个只答了最后3道题的年轻人。在众人的一片惊讶、责问声中，监考官道出了秘密——原来秘密就藏在第37题中，它的内容是：前面各题都可以不回答，只要答好最后3道题即可。

这次测试是很成功的。那5个人后来表现得都非常优秀。特别是在风云变幻如战场的商场上，他们遇事从来不慌张，总是能举重若轻，冷静地分析问题，提出正确的应对措施。由于具备这种素质，他们不久都做到了中层管理人员。3年后，有一位还被破格提拔为副总经理。

做事固然需要迅速，却不能一味求快，遇到重大的事情和问题，明智的做法就是在冷静的审视之后再作出决断。不经思量，武断从事，只会导致不良后果。无论做什么，保持一分慎重，才能以自己的聪明才智稳扎稳打获得成功，否则难免吃苦头。

王某经营着一家餐馆，生意很红火。一天，朋友来吃饭，看完王某的菜谱说：“你的菜太普通了，没什么特色，应该多加点有特色的东西。”

王某觉得有道理，问朋友：“你认为该搞些什么特色？”

朋友说：“米粉，很多人都喜欢吃。”

王某没经过市场调查，便购买了大量的米粉，这期间又有人建议王某做魔芋，他又买来了很多魔芋，还特地请来两个专门做魔芋的师傅。

然而，王某把重点转移到了米粉和魔芋的经营之后，顾客反而少了。很快，餐馆的营业额下降，储存的食品过期的过期，发霉的发霉，而员工工资也有减无增，餐馆濒临倒闭。

王某遇到事情太不谨慎，不做缜密的市场调查，仅凭朋友一言就匆匆投入新的项目，使他的生意一落千丈。

人的一生中经常要遇到许多不曾预料到的情况，面对一些非常情况，我们时常无法冷静下来认真分析事情的始末、利弊，就匆匆忙忙作出结论，采取行动。结果，由于忽略了某些重要的方向，只能默默承受失败的结局。处事不乱、冷静分析问题，才是处理事情的最佳方法，也是不可或缺的人生智慧。

事物之间都是有联系的

原典

故有无之相生也，难易之相成也，长短之相形也，高下之相倾也，音声之相和也，先后之相随也，常（恒）也。

解读

因此有与无互相促生，难与易互相成立，长与短互相衬托，高与下互相冲突，沉静与喧声互相随和，先与后互相随从，这就是永恒不变的道理。

因为有了困难，才显出容易，同样的，也正因为有了容易才显出困难；因为有了长的比较才显出短来，也正因为有了短的存在才显出长来；因为有了沉静的衬托才显出喧闹，也正因为有了喧闹才显出沉静来……可以说，这些相对的概念都是同时出现在我们的认识中的。在这里我们不去讨论它的哲学意义，只是与我们的生活结合起来看，显然万事万物都不是孤立存在，而是有着密切联系的。

正是因为有了名利的衬托，才有了淡泊的可贵;也正因为有了淡泊的衬托，才让人看出名利的虚浮不实。万物之间的联系，正如我们必然要存在于人群之中，存在于社会之中，而人群与社会也正是因为我们这一个个独立的人才会产生。所以即使是道家，也并没有将人完全地从这个社会上提取出来，也仍然要与这个世界有着千丝万缕的联系。

联系到生活，有些事情在甲地是大事，到了乙地就是小事；有事情在甲地不能办，到了乙地就容易办。

以刘备三顾茅庐为例。

刘备以皇叔之尊，为了请诸葛孔明出山，不辞劳苦，前后三次上门拜访，以诚心感动诸葛孔明，最后终于得见，请他出山，拜为军师。后来诸葛亮随刘备征战天下，出谋划策，建立蜀国，与曹操、孙权成三足鼎立之局面。

那么，诸葛亮明明有着经天纬地之才，治国安民之术，克敌制胜之法，为什么却要隐于田野呢？他正值壮年，天下时局又是治乱交替之时，群雄逐鹿之势，为什么他不谋求建功立业，空把满腹才华消磨在山林之间呢？细心的人会发现，这不仅是诸葛亮一个人的行为，事实上，很多有才志的人在最开始的时候都是采取这样一个隐居的状态，而不是贸贸然地就冲出来投奔明主的。

诸葛亮之所以没有自动跑出来投靠某一个有权势的人，是因为他不想只当一个职业谋士，他要做的是吕尚、管仲那样的丞辅将佐。而如果自动送上门去，不一定主公就会重视他，就能发现他的才能，也不太可能让他一来就担任重要的职务，或许反而会湮没在碌碌群儒之中。

而当他的美名触动了某一个主公的神经，像刘备这样来主动来拜访他的时候，那诸葛亮就已经把主动权握在自己手中了。

另外，让刘备三顾茅庐，一方面是为了考察一下刘备对自己的诚意和他对自己的需求程度，另一方面也是为了有充分的时间考虑如何说动刘备，让他对自己的谋划一闻倾心。

刘备能三顾茅庐，显示出他对诸葛亮的迫切需求，肯定会重用这个得来不易的人才。而诸葛亮的“隆中对”也让刘备深深相信自己找对了人。

诸葛亮的“隆中对”给刘备画出了一个未来国家的蓝图，其“建国大纲”可用八个字来概括：“建基西川，联吴抗曹”。

这八个字绝非心血来潮、信口胡诌，而是来源于诸葛亮对当时天下大势、力量对比、生克关系和地理条件的深刻分析。当时三大力量曹操、孙权、刘备各占有利和不利的条件，各有其优势，也各有其劣势。

曹操占天时——挟天子可令诸侯，但“国险”，也就是地利，不如东吴，人和不如刘备；孙权占地利——有长江天险以为屏障，但天时不如曹操，人和不如刘备；刘备占人和，手下有关羽、张飞等大将，而且皇叔的身份也深得人心，但是天时不如曹操，地利不如孙权。

这是三国鼎立的基本根据，没有这个根据，就没有刘备的前途，也就没有诸葛亮的出山。

天时、地利、人和，各得其一则三国分立，三者齐聚则统一天下。那么曹、孙、刘三家谁能占尽三者？在诸葛亮看来，应当是刘备。以事物相联系、互相促生的关系来看，没有天时可以等待，没有地利可以争取，但人和通常不是靠等待和争取就能得到的，这关系到一个道德问题和人心向背问题，不是说有就有的。

所以，从这点来看，诸葛亮对刘备还是信心十足的，并由此才制定出逐鹿天下的大计。他建议刘备取西川以占地利，其“岩阻”可比长江之险；“跨荆、益”以“待天下有变”，这个“变”指的就是等曹操灭汉称帝，倒行逆施，失去民心，这样天时就会到了有皇叔身份的刘备这边。但是这个分析可能曹操也考虑过，或许这就是他为什么一直没有称帝的原因；因为他不是不想称帝，而是怕一旦失去了汉室的装饰，就会丧失天时之利。

诸葛亮的分析，与老子的“故有无之相生也”等句联系、对照着来看，不正是一个事物之间联系、生克的分析吗？可见老子的学说并不是脱离实际的，事实上对于我们的生活是有着指导意义的，抛去其中出世的内核，便是入世大道的精华。

当然，若不是对入世有了深刻的了解，又怎么能做得到真正的出世呢？

做事的“大道”取法于自然

原 典

地法天，天法道，道法自然。

解 读

地取法于天，天取法于道，道取法于自然。

我们尽可以利用大自然的馈赐，可以用人类的聪明才智去创造一些东西，但却不能违背大自然的规律，不能逆“道”而驰，否则就会自取灭亡。

什么是自然？老子所讲的自然就是“自然而然”，也就是没有“外力”影响的这个世界的本来面目。现在来理解，它既应包含所有“自然”的存在，也应包括“自然运行的规律”。可是，自然既然是至大无外的，又有什么能成为“外力”而使之“不自然”呢？

我们常说的自然不自然的概念其实是针对人类自身来说的，是从人类角度出发的。人，自有文明以来，也就一直处于这样的矛盾之中：既认为自己是自然的一部分，又时常将自己置身于自然之外，以至于将自己看成一个能够影响“自然”的外力。这岂不是本末倒置么？

我们以前会说“人定胜天”，认为只要努力就没有办不到的事，可是事实证明，这是人类的一厢情愿。

比如说我们可以将果树嫁接，但是我们不能让一头牛的角上长出苹果来；我们可以人工降雨，可是我们不能控制一场海啸的发生。

有的人认为，人类无需敬畏自然，更不必顺天。

于是我们看到，树木被滥乱砍滥伐，野生动物被屠杀，地球的生态环境越来越恶劣。人类似乎已经完全忘记了自己本来就是自然的一部分。

的确，许多天灾实为人祸，是因为人类的活动为自然环境和资源带来了无可逆转的伤害。

我们提倡敬畏自然，是要顺“道”而行，因为“道”是万物之所由。我们说敬畏，重点在敬，而不是畏，是要以深厚的现代环境科学作为支撑趋利避害，明了自己该做什么不该做什么。我们应该善待我们生存的环境，同时摒弃自以为能够对自然为所欲为的科技迷信，以及对人自身的盲目崇拜，只有这样才会“得之者生，顺之者成”。

庖丁为梁惠王宰牛。手到的时候，肩倚的时候，脚踩的时候，膝顶的时候，那声音十分和谐，就跟美妙的音乐一样，合于尧时的《经首》旋律；那动作也很有节奏，就像优美的《桑林》舞蹈。

梁惠王看得出了神，称赞说：“哈，好啊！你的技术是怎么达到这样高超的地步的呢？”

庖丁放下刀对梁惠王说：“我喜欢探求，因此比一般的技术又进了一步。我开始解剖牛的时候，看到的无非是一头整牛，不知道牛身体的内部结构，不知道从什么地方下手。三年以后，我眼前出现的是牛的骨缝空隙，而不再是一头整牛。到了今天，我宰牛就全凭感觉了，不需要再用眼睛看来看去，就能知道刀应该怎么运作。技术高明的厨师，一年换一把刀，因为他是用刀割。一般的厨师，一个月就更换一把刀，因为他是用刀砍。而我宰牛的这把刀，已经用了十九年，所宰的牛已经有几千头，然而刀口锋利得仍然像刚在磨石上磨过的一样。这是为什么呢？就因为牛的肌体组织结构之间有空隙，而刀口与这些空隙比起来，薄得好像一点厚度也没有。用没有厚度的刀在有空隙的肌体组织间运行，当然绰绰有余！所以十九年过去了，我的刀还跟新的一样。虽然我的技术已达到了这种程度，但我在解剖牛的时候，还是丝毫不敢马虎，总是小心翼翼，心神专注，进刀时不匆忙，用力时不过猛，牛体迎刃而解，牛肉就像一摊泥土一样从骨架上滑落到地上。这时，我才松下一口气来，提刀站立，顾视一下四周，心满意足地把刀擦拭干净，收藏起来。”

由庖丁娴熟的解牛手法可以得知，世间一切事物，都有它自身存在和发展的规律，只有掌握了事物的规律，并“顺之而行”，办事才能得心应手。

正如《易经》所云：“在天成事，在地成形，变化足矣。”自然世界，人类社会，天地间没有不变的事情，万事万物，时刻在变，变是“天道”的法则，是事物发展的规律。一个人要想有所成就，个人的努力固然非常重要，但顺守天道，顺其自然，以变应变更是关键。

大道无术，若自以为是、不知天高地厚地一味偏激和固执，明知其不可为而强为，只能为自己增添无尽的烦恼和痛苦，带来无穷的失败和灾难。即使是神机妙算、被国人誉为智慧之神的诸葛亮在遇到挫折时也不能不仰天慨叹:“谋事在人，成事在天。”

无论历史上还是现实中，我们都不难见到有些人或愚昧无知、意气用事，或逞匹夫之勇、不自量力，或骄妄轻狂、倒行逆施。结果往往事与愿违，功不成名不就，落得个身败名裂，有的更为自然带来破坏，为社会带来损失，为他人带来灾难。

于无形处发掘“有形物”

原 典

故常无，欲以观其妙；常有，欲以观其徼。

解 读

应该从经常不见其形之处体察“道”（“无名”）的奥妙，应该从经常显露其形之处体察万物（“有名”）的归宿。

无论是在经常看不见之处体察“道”，还是在经常显露指出体察万物，老子认为在事情有形的外部表现与无形的内在联系上都能够找到做事的方法。

历史上有不少的人能够如老子所说：“故常无，欲以观其妙；常有，欲以观其徼。”于无形处入手发现事物潜伏的解决之道，达到了成功的目的。

聪明人不仅聪明在脑子中，而且聪明在眼神中。我们知道，做人办事须有敏锐的观察力和灵活的运作力，以便力戒难以办成的事。这两种能力是非常重要的，反映了一个人的素质和智慧。毫无疑问，善于观察，就会灵活出击，于无形处发掘“有形物”。对于那些善于谋事者而言，他们均善为此——精于观察，把功夫用在灵活变化上。古今能成大事之人，手笔自然恢弘，行事自然开阔。

清代“红顶商人”胡雪岩曾点化王有龄“水涨船高，人抬人高”之道。胡雪岩的好朋友王有龄受到抚台黄宗汉的赞赏，并把催运漕粮的任务交给他去办。

运送漕米本来是一项肥差，只是浙江的情况却有自己的特殊性。浙江上年闹旱灾，钱粮征收不上来，且河道水浅，

不利行船，直至九月漕米还没有启运。同时，浙江负责运送漕米的前任藩司由于与抚台黄宗汉不和，被黄宗汉抓住漕米问题狠整了一道，以致自杀身亡。到王有龄做海运局时，漕米由河运改海运，也就是由浙江运到上海，再由上海用沙船运往京城。现任藩司因有前任的前车之鉴，不想管漕运的事，便以改海运为由，将这档子事全部推给了王有龄。漕米是上交朝廷的“公粮”，每年都必须按时足额运到京城，哪里阻梗哪里的官员便要倒霉，所以，能不能完成这桩事，不仅关系到王有龄的前途，而且还关系到他的身家性命。但如果按常规办，王有龄的这桩公事几乎没有能够完成的希望：一是浙江漕米欠账太多，达三十多万石之巨；二是运力不足，本来漕米可以交由漕帮运到上海，可是由于河运改成了海运，等于是夺了漕帮的饭碗，他们巴不得漕米运不出去，哪里还肯下力?到时你急他不急，慢慢给你拖过期限，这些人也该丢饭碗了。

然而这桩在王有龄几乎是无法解决的麻烦事，被胡雪岩一个就地买米之计一下子就给化解了。以胡雪岩之见，反正是米，不管哪里的都一样，只要能按时在上海将漕米交兑足额，也就算完成了任务。既然如此，浙江可以就在上海买米交兑，差多少就买多少，这样省去了漕运的麻烦，问题也就解决了。

就地买米，解决漕运麻烦，严格说来并不是通常意义上的做生意，但从这里我们却看出来胡雪岩遇事思路开阔、头脑灵活，于无形处发掘“有形物”的本事。比如黄宗汉、王有龄以及浙江藩司等人，想到的只是漕米欠账

太大，一时难以筹足，想到的只是漕米由河运改海运之后漕帮会作梗，即使筹足米数，要按时运达上海也难，就是想不到漕米改海运之后实际上为同时解决上面两个问题提供了契机。由于没有想到这一层，因而只能在那里一筹莫展干着急。究其原因，也就在于他们拘于漕米必需是由征收地直接上运的成法，而没有想到情势不同还可以有新的运作方式。

在无形处的细心分析与把握，挖掘出处理事情的“办法”，才是真正决定成败的关键因素。毫无夸张地说，这是一种本领、更是一种智慧，它需要人们能够联系事物的各方各面，甚至一些被人们遗忘的方面也要想到，只有这样才能在这些看似毫无头绪、错综复杂的事情中理出头绪。

人们常说：“精彩无处不在，关键在于发现。”的确是这样的，生活中人们一旦静下心来，便能发现许多原本察觉不到的美；做事只要能够善于观察，也能够在毫无头绪的情况下，找出头绪并顺利完成。开动我们的大脑，有时候答案就藏匿于有形与无形之间。

六、希言守中

进退自如的处世策略

在老子眼里，进与退是相对的。老子说：“知其雄，守其雌，为天下谿。”意思是说，老子用柔弱、退守的原则来保身处世，并要求理想中的圣人以其治国安民。“知雄守雌”，是老子的一种基本处世哲学，它要求人们在雄雌的矛盾关系中，一方面对于“雄”要有透彻的了解，另一方面自己却要处于“雌”的一方。“守雌”并非是对“雄”的退缩或回避，而是既能执持“雌”的一方，又能运用“雄”的一方，故“知雄守雌”可以说是掌握主动、坚持自我的最好方式。

妄言自损，守中多做

原 典

虚而不屈，动而愈出。多言数穷，不如守中。

解 读

妄言、妄作会产生偏颇心、分别心，则容易使自己功能不足。不如谨守中庸之道，合理适度地作为。

狂言妄语说出来虽然“虎虎生威”，在某些时候更是显得“豪气”过人，用“没有金刚钻，就别揽瓷器活儿”来反驳这句话再合适不过了。老子这句话告诉我们，狂妄的话多说只有弊处而无益处，不如紧守中庸之道，量力而为。

狂言妄语能够给人带来杀身之祸，多言同样能够让你吃尽苦头，故而老子教导大家“多言数穷，不如守中。”老子并不是教人闭口不言，而是要少说多做，因为言多必失。

话说多了，漏洞就多，容易出毛病甚至引火烧身。不难理解，这是对说话“多”的人而言的，譬如滔滔不绝的醉鬼、妙语连珠眉飞色舞的政客，这类人因话多招致的“失”往往惨重，譬如醉鬼丢了性命，政客落得革职除名，都是值得我们去吸取的教训。

偏偏有一些人与此背道而驰，结果只能落得个身首异处的下场，《三国演义》中，诸葛亮平定南方以后，一出祁山的失败除了诸葛亮的自身原因之外，最大的原因还是马谡的狂言妄语。

《三国演义》里这样描写：诸葛亮正在营中为孟达事泄被杀而懊恼不已，忽有哨探报，司马懿派张郃引兵出关，来拒我师。

诸葛亮闻报大惊："今司马懿出关，不比曹真，他一定会去打街亭，断我咽喉之路。"环视左右问，"谁敢引兵去守街亭？"

参军马谡见丞相先是吃惊，便觉得好笑。谅那司马懿有什么可怕的？便说："末将愿往。"

诸葛亮盯着他，不放心地说："街亭把着要冲，地方虽小，干系却大。如街亭有失，我大军便完了。你虽深通谋略，无奈此地一无城池，二无险阻，把守极难呀！"

"丞相勿虑。再难也得有人把守。末将自幼熟读兵书，精通兵法，又跟在您身边南北征战，耳濡目染。难道还守不住小小的街亭？"

"司马懿非等闲之辈。先锋张郃乃魏之名将，你能对付得了他们？"

马谡不高兴了，丞相也太小瞧我了。嘴一撇，轻蔑地说："嗨，休道他司马懿、张郃，便是曹睿亲来，又有什么可怕的？若有差池，杀我全家好了。"

在这次请命邀功的过程中，马谡有些过于狂妄了，可以说根本没有掂量自己到底有"几斤几两"，之后的布阵失利，马谡虽然逃得性命，然而却为军法所不容，才有了诸葛亮挥泪斩马谡。

《三国演义》中还有一个实例同样是说明狂言妄语自损的，那就是魏延之死。当时，大多数能够单打独斗胜过魏延的人都已经死去了，他因此有些过于自负，以至于在被杨仪激怒，问他是否敢大喊三声"谁敢杀我"时，他毫不畏惧地狂笑而发三声"谁敢杀我"，谁知在第三声之时，他就在毫无知觉的情况下命丧马岱之手。

俗话说，“病从口入，祸由口出。”在初始与人交往过程中，谨慎言行是非常有必要的，在讲话时也应注意自己的口气和态度，避免触及他人的利益，毕竟有很多时候“说者无意，听者有心。”

用心鉴别美言和忠言

原 典

信言不美，美言不信。

解 读

真实的语言不华美，华美的语言不真实。

很多人因为无知，觉得那些忠诚直率的话不好听，却喜欢听那些虚伪漂亮的话。须知，当别人对你说好听话的时候，说话的人必有所图；所以，爱听信美言的人，反而常会招致恶果。因此，不要草率相信，而应观察说者的动机，看清话中的本质。

人们都喜欢听到夸耀自己的美言，不喜欢听取别人对自己的批评建议；人们都喜欢吃甘甜的药草，不喜欢吃苦涩的药草。但事实上，听信美言常常使人迷失自我，陷自己于危难之中。

人际交往中说话很重要，聆听鉴别也很重要，中国文化中关于此智慧的表述非常多而且美妙，名言警句熠熠生辉。老子为此曾经提出过这样的观点："信言不美，美言不信"，正是要人们提高对语言的鉴别能力，不能一味地听信顺耳美言、摒弃逆耳忠言。

很多人都听过邹忌讽齐王纳谏的故事。邹忌在镜前穿朝服，随口问其妻：“我和徐公谁漂亮？”妻曰：“君美甚，徐公何能及公也！”徐公之美是齐国有名的，邹忌当然不信，又问其妾：“我与徐公谁漂亮？”妾曰：“徐公何能及君也！”翌日有客来访，邹忌再问：“我和徐公谁漂亮？”客人也说：“徐公不如你漂亮。”后来邹忌亲眼见到徐公，方知自己确实不如人家。换别人，故事可能就结束了。但邹忌的特别之处恰恰在此：他先是“寝而思之”，明白了“吾妻之美我者，私我也；妾之美我者，畏我也；客之美我者，欲有求于我也”。然后又以此事面谏齐威王：“今齐地方千里，百二十城，宫妇左右，莫不私王；朝廷之臣，莫不畏王；四境之内，莫不有求于王。由此观之，王之蔽甚矣！”促使齐威王下令悬赏纳谏，国家得以振兴。

邹忌的过人之处就在于：他能够对称赞自己的美言持怀疑的态度，而不是陶醉地收入耳中飘飘然起来。

唐太宗李世民曾经对大臣萧禹说：“我少年时就喜爱弓箭，得到好弓几十张，自以为再不会有更好的弓了，近来拿给工匠看，工匠说都不是好弓。我问是什么原因，工匠说，木心不直，自然脉理都斜，弓虽然硬，发箭却不能直。我才知道以往的鉴别不够精确。我以弓箭定天下，尚且不能真正识别弓箭的优劣，何况天下的事？我怎么能都懂得？”有一次，他问魏征：“君王怎样才算明智，怎样才算昏暗？”魏征回答说：“兼听则明，偏听则暗。”他十分赞同，于是，鼓励大小官员积极进谏。

李世民在位时魏征进谏二百多次，提出的意见都十分尖锐，但是李世民每次都能非常理性地对待，改变自己的施政方略，这对他开创盛世起了至关重要的作用。

在现实生活中，有的人把话说得天花乱坠，很动听，很华美，但是到头来却让你上当受骗。因为他不伪装得美一些，怎么会打动你、让你上钩？所以“不信”的话经过外表“包装”变成了“美言”，就容易使一些人轻而易举地相信了！相反“信言”是真实的、朴素的，一般都不会使用“包装”，没有那种外表的掩饰，因而经常被一些人愤怒地抛弃。历史告诉我们，谁能够区分美言与忠言，并能接受那些逆耳忠言，谁就能成为“圣人”。

生活中，有的人笑脸迎人，心中未必友好；有的人痛哭失声，心中未必悲伤。人的内心常与外表不一，很难看透。给你恰当批评的人，是你的老师；给你恰当肯定的人，是你的朋友；给你不恰当恭维的人，是你的敌人。讲别人的坏话，并非直爽；帮别人做坏事，并非有义。

不要随意伤害人

原 典

非其神不伤人，圣人亦不伤人。夫两不相伤，故德交归焉。

解 读

无论是鬼神还是圣人，如果大家都不互相伤害，而是互相帮助、真诚以待，那么，世间将会无比的安宁和谐。

老子认为，只要遵循“道”的指引，即使鬼神也会失去原本邪恶的本质，而变得无比温和善良。如果大家都能做到这一点，那么人人可做圣人，世界也将变成另外一个不一样的世界。

在现代社会，人与人之间的相互帮助和合作是必不可少的，而要与人实现友好合作，你就必须以一片赤诚之心待人。宽宏大量与人为善，包容吸纳对方的意见，你才能走向成功。

孔子说：“二人同心，其利断金。”意思很简单，只要大家齐心协力，就会像一把锋利的好刀，削铁如泥。一切事业都必须精诚合作才有希望成功。

一个人想知道天堂与地狱的差别，上帝对他说：“来吧！我让你看看什么是地狱。”

他们走进一个房间，一群人围着一大锅肉汤，但每个人看上去骨瘦如柴，一脸饿相。他们每个人都有一只可以够到锅里的汤勺，但汤勺的柄比他们的手臂还长，自己没法把汤送进嘴里。有肉汤喝不到，只能无可奈何地饿肚子。

“来吧！我再让你看看天堂。”上帝把这个人领到另一个房间。这里的一切和刚才那个房间没什么不同，一锅汤、一群人、一样的长柄汤勺，但大家都身宽体胖，正在快乐地歌唱着幸福。

“为什么？”这个人不解地问，“为什么地狱的人喝不到肉汤，而天堂的人却能喝到？”

上帝微笑着说：“很简单，在这儿，他们都会喂别人。”

故事并不复杂，但却蕴涵着深刻的社会哲理和强烈的警示意义。同样的条件，同样的设备，为什么一些人把它变成了天堂而另一些人却经营成了地狱？关键就在于你是选择共享还是独霸利益。

现代社会，人与人的之间交往日益频繁，既存在着激烈的竞争，又有着广泛的联系与合作。一个缺乏合作精神的人，不仅事业上难有建树，很难适应时代发展的需要，也难在激烈的竞争中立于不败之地。

越是现代社会，越需要团结协作，形成合力，孤家寡人、单枪匹马越难取得成功。从某种意义上讲，帮别人就是帮自己，合则共存，分则俱损。如果因为心胸狭隘，放着身边的人力资源不去利用，单枪匹马去干事，那么结果只能是事倍功半，甚至更糟。

优秀人才有机结合在一起，就会相映成辉，相得益彰。如今许多企业实行强强联合，就是希望通过合作产生巨大的能量，达成双赢的结果。

一个以敌视的眼光看世界的人，对周围人戒备森严，心胸窄小，处处提防，这种人既很难信任别人，也很难得到别人的信任，只会使自己陷入孤独和无助中；而宽宏大量，与人为善，宽容待人，能主动为他人着想，肯关心和帮助别人的人，则讨人喜欢，易于被人接纳，受人尊重，具有魅力，因而能更多地体验成功的喜悦。

在18世纪，法国科学家普鲁斯特和贝索勒是一对死敌。他们围绕定比定律争论了有9年之久，他们都坚持自己的观点，互不相让。最后的结果是普鲁斯特获得了胜利，成了定比这一科学定律的发明者。但是，普鲁斯特并未因此而得意忘形，独占天功。他真诚地对与他激烈争论的对手贝索勒说：“要不是你一次次的责难，我是很难进一步将定比定律研究下去的。”同时，普鲁斯特特别向众人宣告，定比定律的发现，有一半功劳是属于贝索勒的。

在普鲁斯特看来，贝索勒的责难和激烈的批评，对他的研究是一种难得的激励，是贝索勒在帮助他完善自己。这与自然界中“只是因为有了狼，鹿才奔跑得更快”的道理是一样的。

普鲁斯特的宽容是博大而明智的，他允许别人反对，不计较他人的态度，充分看到他人的长处，善于从他人身上吸取营养，肯定和承认他人对自己的帮助。正是由于他善于包容和吸纳他人的意见，才使自己走向成功。

著名天文学家第谷和科普勒之间的友谊就是一曲优美的宽容之歌。

科普勒是16世纪德国的天文学家，在年轻尚未出名时，曾写过一本关于天体的小册子，深得当时著名的天文学家第谷的赏识。当时第谷正在布拉格进行天文学的研究，第谷诚挚地邀请素不相识的科普勒和他合作，一起进行研究。

科普勒兴奋不已，连忙携妻带女赶往布拉格。不料在途中，贫寒的科普勒病倒了。第谷得知后，赶忙寄钱救急，使得科普勒渡过了难关。后来由于妻子的缘故，科普勒和第谷产生了误会，又由于没有马上得到国王的接见，科普勒无端猜测是第谷在使坏，于是写了一封信给第谷，把第谷谩骂了一番后，不辞而别。

第谷是个脾气极坏的人，但是受此侮辱，第谷却显得出奇的平静。他太喜欢这个年轻人了，认定他在天文学研究方面的发展将是前途无量的。他立即嘱咐秘书赶紧给科普勒写信说明原委，并且代表国王诚恳地邀请他再度回到布拉格。

科普勒被第谷的博大胸怀所感动，重新与第谷合作。他们俩合作不久，第谷便重病不起。临终前，第谷将自己所有的资料和底稿都交给了科普勒，这种充分的信任使得科普勒备受感动。科普勒后来根据这些资料整理出著名的《路德福天文表》，以告慰第谷的在天之灵。

浩瀚如海洋般的宽容情怀，使第谷为科学史留下了一页光辉的人性佳话。这种宽容像雨后的万里晴空，清新辽阔，一尘不染；这种宽容像是舐犊情深，对下一辈给予温暖的关爱和呵护；像是辽阔的大地，让所有为大地增添靓丽生命的物质，都有自己的一片发展天地；亦像是一条乡间的小河，让水草悠悠地生长，让小鱼快乐地游来游去。以赤诚之心待人，就要能容人。

正确评价自己，清醒地看到自己的不足之处，才能产生与人合作、共同发展的强烈愿望，充分发挥自己的潜能。如果用自己的长处比别人的短处，看不见自己的短处和别人的长处，就很难与人精诚合作。

在合作过程中，相互之间难免会有意见相左、磕磕碰碰的时候，也难免有差错、有失误，能不能相互宽容谅解，营造一个和谐宽松的合作氛围，往往直接影响事业的成败。

合作就要互相补充，尤其当合作伙伴的失误给共同的事业造成困难或损失的时候，应该给予充分理解与热情鼓励，开诚布公地指出失误，实事求是地分析原因，心平气和地探讨对策，以帮助合作伙伴尽快走出失误的阴影，振奋精神。这样才能尽快克服困难，尽量减少损失。

有的人遇到困难或不顺就一味埋怨指责合作伙伴，或者有了成绩则全部据为己有，结果是挫伤了别人的积极性，引起别人的反感，妨碍今后的合作，这显然不是明智之举。

哲学家威廉·詹姆士曾经说过，“如果你能够使别人乐意和你合作，不论做任何事情，你都可以无往不胜。”合作是一种能力，更是一种艺术。唯有善于与人合作，才能获得更大的力量，争取更大的成功。

以赤诚之心待人，你会赢得更多朋友，多一个朋友，就多了一个世界。

功成身退也是不错的选择

原典

功遂身退，天之道。

解读

做事达成目的后，要懂得急流勇退，才符合“天道”。

“功成身退”，这是天的道，人要符合天的道，功业已经到达巅峰，就要引身后退，这是一种自然规律。

“功成而不居”是一种智慧，上一节我们说了，当我们有功时千万不要居功自傲，在一些人面前摆老资格；更不要动不动就是“当初怎么样”，这是为了日后有更大的成就。如果前方已经没有太多的发展空间，那就要考虑“功成身退”了。

功成身退可以保全自身，是老子教给我们的又一个大智慧。如果与这一智慧背道而驰，那么不但不能显示自己的功劳，反而会招来不必要的麻烦甚至是危险。

历史上大部分兵戈登位的皇帝，在开国之后为了巩固自己的政权总会削除大部分开国功臣的兵权，当然这个削除兵权有两种：一种就是和平解决，另一种就是随便加个罪名、“名正言顺”地铲除。

历史上和平削除兵权的例子不多：唐太宗李世民算一个，宋太祖赵匡胤也算一个。而功成后谋杀功臣的皇帝则比比皆是：汉朝开国皇帝刘邦、明朝开国皇帝朱元璋，还有清朝雍正皇帝等，他们的开国功臣中，只有极少数懂得“功成身退”道理的才幸免于难。

韩信就是因为不懂得“功成身退”而惨遭杀害的典型。

毫不避讳地说，刘邦的江山有一大半是韩信打下来的，可以说没有韩信就没有西汉王朝，刘邦也更不可能当皇帝。韩信功高盖主，在刘邦当皇帝之后他本应该想到这点，然而他还是傻乎乎地以功臣自居，完全没有了当初带兵打仗时的聪明智慧。刘邦可想到了这点，为了巩固他的皇帝地位，他上台后做的第一件事就是削弱韩信的势力，把当时还是“齐王”的韩信封为“楚王”，使其远离自己的发迹之地，然后又有人适时告发韩信“谋反”，刘邦又再将他贬为“淮阴侯”，不出几个月吕后又和刘邦唱了一出双簧：前脚刘邦带兵出征，后脚吕后就让萧何将韩信诱至长乐宫冠以谋反之罪杀掉。同韩信并称“汉初三杰”中的张良则聪明得多，刘邦即位后，大封功臣，张良再三推辞、最后只领留侯的头衔，坚决不受三万户食禄，忘掉了以前的丰功伟业，过着隐逸恬淡的生活。怪不得后人用诗来称赞张良的智慧过人：“运筹帷幄见真知，暗渡明修尚未迟。业就功成身引退，免遭吕氏害贤时。”

明朝的一批开国功臣，也同样是懂得“功成身退”的存活下来了，而那些不知此道的人，最终都落得身首异处的下场：

明朝开国第一功臣李善长因女婿胡惟庸涉嫌谋反受牵连而被灭门；开国大将、凉国公蓝玉因被锦衣卫告发谋反而被灭三族；功臣冯胜、傅友德、廖永忠、朱亮祖也因失宠先后被杀。徐达没有被朱元璋直接杀害，但也是被朱元璋间接“赐死”的，因为朱元璋趁徐达生患背疽病而最忌吃蒸鹅时，偏偏赐蒸鹅给他吃，没几天徐达就离开了人世。只有汤和因主动交出兵权，告老还乡，从此闭口不谈国事，才保住了性命。

在古代，“功成身退”是一种明哲保身的方法，只有智者可为。人生在世，竭尽所能报效社会是必要的，但当成功了，危险也就来了。可能在论功的时候，就包含分配不公，或自己骄傲让人嫉恨，更有功高镇主等危险和矛盾潜伏着，要学会化解，更要学会韬光养晦、锋芒内敛。

《道德经》讲得好：“夫为不居，是以不去”。学会功成适时身退，对于保存自己的名节、延长自己的寿命都很有益处。

美国汽车大王亨利·福特，“功成身退”也是他人生成功智慧上的一“环”。在40岁时，他成功地推行薄利多销的经营策略，创造了福特公司日产汽车七千辆的辉煌。但福特在中年以后就退隐了。他在故乡营造了一个住所，在那里和家人一起过着清闲的日子。他在这安静、惬意的农庄度过了32年安静、舒服的日子，一直活到83岁才去世。这位当时在美国数一数二的巨富，家庭生活却令人难以相信的俭朴，据说只用5个仆人和半个洗衣工人。但他曾以700万美元捐助一所医院，又降低货价，提高工人工资、红利；收容伤残，福特公司收留的残疾工人近万名。

福特这样的功成身退，更是一种人生的成功！

不显山不露水，真君子也

原典

上德若谷，大白若辱，广德若不足，建德若偷；质真若渝，大方无隅，大器晚成，大音希声；大象无形。

解读

上德的人虚怀若谷，在大庭广众之下却看似卑微。广德的人总是表现出好像德行还有不足的谦虚。建德者作了仁德之事之后绝不会四处张扬。真正实质上有德行的人，从不自我表现。真正的大德有如最大的方形找不到角落。最有价值的器具，总需经过长时间的千锤百炼，才能制成。最大的声音是人听不到的声音（如地球自转的声音）。最大的影像会大到人无法看到全貌。

有些人做事时，表面上看上去轰轰烈烈，然而这些人大部分“雷声大，雨点小”“说得比唱得好听”，就是看不到办事的效率，所以我们在生活中鄙视这类人。

还有一类人就是老子比较欣赏的一类人——这类人“上德若谷，大白若辱，广德若不足，建德若偷”。即在平日里很少“显山露水”、出风头，这类人表面上看上去很不显眼，然而他们却能在暗中默默地将事情完成，丝毫不张扬。

在这个社会上，做事太张扬，太露虽然能够显得自己高人一头，然而却能引来众多人的妒忌，让别人也更关注自己的一举一动（确切地说是更关注我们的失误），这样就会给日后自己的工作带来众多的压力和不便。

清朝皇帝雍正也曾这样认为："但不必露出行迹，稍有不密，更不若明而行之。"讲的就是这个道理。雍正不但是嘴上这么说，在他的执政生涯中也是如此做的——

在雍正皇帝之前，历代王朝都以宰相统辖六部，权力过重，使皇帝的权威受到了一定影响，如果一个君王有手腕驾驭全局，使宰相为我所用，这当然很好，但如果统领军队的宰相超权行事，时间一长便很容易与皇帝、大臣们产生隔膜和分歧，很容易给治理国家添乱。这样的例子举不胜举。

在雍正即位之初，虽然掌管着国家的最高权力，但凡军国大政，都需经过集体讨论，最后由皇帝宣布执行，不能随心所欲自行其是；权力受到了制约，皇位受到了挑战。雍正设置军机处，正是把自己推向了权力的金字塔顶端。简单地说，就是皇帝统治军机处，军机处又统治百官。

军机处还有一种职能，即充当最高统治者的秘书的角色，类似于情报局，有很强的保密性。军机处的由来，是在雍正七年(1729年)六月清政府平息准噶尔叛乱时产生的。雍正密授四位大臣统领有关军需事务，严守军报、军饷等军事机密，以致二年有余而不被外界熟知，保持了工作的高效运转和战斗的最终胜利。

雍正对军机处管理得特别严密。他对军政大臣的要求也极为严格，要求他们时刻同自己保持联系，并留在皇帝最近的地方，以便随时召入宫中应付突发事件。军机处也会像飘移的帐篷一样随皇帝的行止而不断改变。皇帝走到哪里，"军机处"就设在哪里，类似于我们现在的现场办公。雍正对工作、对百官的一些看法，以便察言观色，去伪存真地选用人才。

雍正的第二大特点是对军机处的印信管理得非常严密。印信是机构的符号和象征，是出门办事的护身符和通行证。军机处的印信由礼部负责铸造，并将其藏于军机处以外的地方，派专人负责管理。当需用印信时，必须报告皇上给予批准，然后才能有军机大臣凭牌开启印信，在众人的监视下使用，以便起到相互制约的作用。

设立“军机处”起到了意想不到的效果，以前每办一件事情，或者有关的奏折，要经过各个部门的周转，最后才能够送达皇上。其中如扯皮、推诿、拖沓的官场陋习使办事效率极为低下，保密性也差，皇上的口谕无法贯穿始终。而自从设立军机处以来，启动军机大臣，摆脱了官僚机构的独断专行，使雍正的口谕可以畅通无阻地到达每一个职能机构，从而把国家大权牢牢地控制在自己手里。

设立“军机处”将“生杀之权，操之自朕”的雍正推向了封建专制权力的顶峰。“军机处”由于在皇上的直接监视下开展工作，所以处处谨小慎微，自知自律，奉公守法，营造了一种清廉的官场形象。“军机处”的设置，保证了中央集权的顺利实施，维持了社会的相对稳定和统一，避免了社会的动乱和民族的分裂，推动了社会的繁荣和发展，具有一定的社会积极意义。

无论在雍正的正史和野史的记载中，雍正帝都是一个喜欢秘密行事的皇帝，然而这也正是他高明、智慧的一方面，故而在他死后的乾隆年间，才会出现康乾盛世的局面。

无论是做人还是做事，若想取得最大限度的成功，首先不要过分暴露自己的意图和能力。唯有这样，事情办起来才不会出现众多人为的障碍和束缚，办起事来就会出现事半功倍的效果；反之，我们将会受到许多意想不到环节的人为阻挠，事情办起来就会很难成功了。

能屈者即能伸者

原 典

曲则全，枉则直。

解 读

由于能委屈，所以可以求全；能弯，才能伸直。

老子在为人处事的屈伸方面有这么一个观点——“曲则全，枉则直。”他认为能够经受住委屈，才能够保护周全自己的利益；能够弯曲，才能有一展宏图的机会。

老子的这一观点，正是我们为人处事时须时刻牢记的人生大智慧。在人生的舞台上，我们会遇到许许多多的不公与压迫，倘如仅凭一时之气奋起反抗，往往解决不了事情，反而会造成更不利的局面。

大丈夫能屈能伸，没有胜算的时候，就不能去硬拼，只能隐忍，隐忍并不可耻，只要在这段时间内积蓄力量，待形势一变，必能稳操胜券。

史书记载：春秋战国时期，张耳和陈余都是魏国的名士，秦国灭了魏国后，就用重金悬赏两人的头颅。

张耳和陈余于是改名换姓逃到陈国，以看门人的身份逃避追杀和维持生活。一天，陈余犯了过错被官吏鞭挞，他怒不可遏，便想起而反抗。这时张耳暗暗踩了他一脚，要他暂且忍耐。

等那官吏离开后，张耳就把陈余叫到桑树下面悄悄对他说："忘记我们当初的志向了吗？今天受到一点小小的侮辱，你就想去为一个小官吏而死吗？"

此事可以看出陈余的浮躁浅露，相比之下就比张耳差远了。后来的史实更加证明：两人虽然一同起事，却一个成功，一个失败，张耳辅佐刘邦成了开国之臣。陈余一直辅佐赵歇王，被韩信、张耳打败，斩于水。

吕后虽然是一届女流，然而她却有着过人的智慧，在能屈能伸这方面，她的做法不能不称之为女中豪杰。

汉高祖刘邦去世后，吕后临朝称制。匈奴单于冒顿曾把刘邦和三十万汉军围困在平城达七日之久，对大汉也很轻视，然而对刘邦还多少有些忌惮。

刘邦一死，冒顿单于便心骄气傲，想挑起兵端，便派使者给吕后送去一封信，上面说："孤独苦闷的君王，生于荒野大泽之中，长于旷野牛马蕃育的区域，多次到达边境，希望能游览中国。陛下独立，孤独苦闷孀居，两位君主都不高兴，也没办法让自己快乐起来，希望以我的所有，换你的所无。"

竟然是一封言辞亵慢的求婚书，冒顿单于妻妾成群，自不会对吕后这位老太婆有何兴趣，不过是借戏侮她来戏侮中国。

吕后见信后大怒，便召集群臣商议，要大举讨伐匈奴以雪此辱。

吕后的妹夫樊哙率先高喊道："我愿带十万人马，横行匈奴之中"吕后大喜，季布却怒声叱道："樊哙理应斩首。"

朝堂上的人都吓了一跳，不知季布在哪儿偷吃了熊心豹胆，竟要斩元勋国戚。

季布接着说："当年高帝率三十万精兵讨伐匈奴，却被围困在平城七日七夜，那时樊哙也在军中，却束手无策，今日为何就能以十万人马横行匈奴之中，这不过是当面阿谀陛下，犯欺君之罪，按律当斩。"

樊哙被质问得哑口无言，其他众将也纷纷附和说，以高皇帝之英武，尚被困于平城，匈奴势力强盛，委实不宜擅起战端。

吕后见众将意思一致，回头细想也确实如此，便忍下这口恶气，退朝回到宫内，不再提讨伐匈奴的事了。

过后吕后为安抚冒顿单于，居然卑词婉约地写了一封拒绝信，上面说："单于不忘我中国，赐给书信，我等国人都很恐惧，我自思自忖：身体老迈，气息也衰弱，牙齿也脱落得差不多了，走路的步子都不均匀，单于听信了传言，我实在不足以使您自污。我国无罪，应在您赦免之列。我有自己坐的车两辆，马八匹，送给您平时乘坐。"然后派宦官张泽送去。

单于冒顿原以为汉朝一定会倾竭国力攻击自己，严加戒备，没想到等来的不过是一个汉使，读信后反倒觉得羞愧，便又派使者送给吕后好马，回信说："我生长荒野，没听过中国的礼义，多亏陛下赦免了我。"便又和汉朝和亲。

由吕后巧避冒顿的挑衅而获得胜利的事例中，我们不难发现：在恰当的时候不与别人争长短，懂得避其锋芒、故意示弱，往往能令对手不寒而栗，因为谁都知道，能够如此做的人都是智者，而非莽夫。

古人讲，"小不忍则乱大谋"，在某些时候，我们就应该多运用老子的"曲则全，枉则直"的智谋——在该弯的时候一定要弯起来。只有这样才能为"伸"创造良好的条件。

做事不妨绕个弯

以正治国，以奇用兵，以无事取天下。

治国要以正道，用兵要出奇不意以诡道，治理天下应采取无为的态度。

不同问题应以不同措施去处理，做事没有必要直来直去，很多时候直来直去肯定是最简单，也是最容易碰钉子的做法。因此，生活中，你在处理具体事时，就不要一条路走到黑，必要时不妨绕个弯。

三国时，刘备在四川当皇帝，碰上天旱——夏天长久不下雨，为了求雨，乃下令不准私人家里酿酒，就如现在政府命令，不准屠宰一样。因为酿酒，也会浪费米粮和水，就下令不准酿酒。命令下达，执行命令的官吏，在执法上就发生了偏差，有的在老百姓家中搜出做酒的器具来，也要处罚。老百姓虽然没有酿酒，而且只搜出以前用过的一些做酒工具，怎么可算是犯法呢？但是执行的坏官吏，一得机会，便“乘时而驾”，花样百出，不但可以邀功求赏，而且可以借故向老百姓敲诈、勒索。报上去说：某人家中，搜到酿酒的工具，必须要加以处罚，轻则罚金，重则坐牢。虽然刘备的命令并没有说搜到酿酒的工具要处罚，可是天高皇帝远，老百姓有苦无处诉，弄得民怨处处，可能会酝酿出乱子来。简雍是刘备的妻舅。有一天，简雍与刘备两郎舅一起出游，顺便视察，两人同坐在一辆车子上，正向前走，简雍一眼看到前面有个男人与一个女人在一起走路，机会来了，他就对刘备说：这两个人，准备奸淫，应该把他俩捉起来，按奸淫罪法办。”刘备说：“你怎么知道他们两人欲行奸淫？又没有证据，怎可乱办呢！”简雍说：“他们两人身上，都有奸淫的工具啊！”刘备听了哈哈大笑说：“我懂了，快把那些有酿酒器具的人放了吧。”这又是“曲则全”的一幕闹剧。

当一个人发怒的时候，所谓“怒不可遏，恶不可长”。尤其是古代帝王专制政体的时代，皇上一发了脾气，要想把他的脾气堵住，那就糟了，他的脾气反而发得更大，不能堵的，只能顺其势——“曲则全”——转个弯，把它化掉就好了。这是说身为大臣，做国家的干部，尤其是做高级干部，必须要善于运用的道理。

春秋时代的齐景公，也是历史上的一位明主。他拥有历史上第一流政治家晏子——晏婴当宰相。当时有一个人得罪了齐景公，齐景公乃大发脾气，抓来绑在殿下，要处以“肢解”的刑罚。晏子听了以后，把袖子一卷，装得很凶的样了，拿起刀来，把那人的头发揪住，一边在鞋底下磨刀，做出一付要亲自动手杀掉此人的样子。然后慢慢地仰起头来，向坐在上面发脾气的景公问道：“报告皇上，我看了半天，很难下手，好像历史上记载尧、舜、禹、汤、文王等这些明王圣主，在肢解杀人时，没有说明应该先砍哪一部分才对？请问皇上，对此人应该先从哪里砍起？”齐景公听了晏子的话，立刻警觉，自己如果要做一个明王圣主，又怎么可以用此残酷的方法杀人呢！所以对晏子说：“好了！放掉他，我错了！”这又是“曲则全”的另一章。

晏子当时为什么不跪下来求情说：“皇上！这个人做的事对君国大计没有关系，只是犯了一点小罪，何必杀他呢！”如果晏子是这样地为他求情，那就糟了，可能火上加油，此人非死不可。他为什么抢先拿刀，要亲自充当刽子手的样子？因为怕景公左右有小人，听到主上要杀人，拿起刀来就砍，这个人就没命了。他身为大臣，抢先一步，拿着刀，揪着头发，表演了半天，然后回头问皇帝，从前那些圣明皇帝要杀人，先向哪一个部位下手？我不知道，请主上指教是否是一刀刀地砍？意思就是说，你怎么会是这样的君主，会下这样的命令呢？但他当时不能那么直谏，直话直说，反使景公下不了台阶，弄得更糟，所以他便用上“曲则全”的谏劝艺术了！

我们做每件事都不可能顺顺利利完成，总会遇到各种各样的麻烦，这时候，既然前行不能通过，那不如绕个弯，可能会收到不一样的效果。

管住舌头，做个智者

原 典

知者不言，言者不知。

解 读

有见性智慧的人绝不多言，多言的人没有见性智慧。

老子认为“知者不言，言者不知”，表面上看，它解释为“知道的人不言说，言说的人不知道”。在古代，“知”和“智”在某些时候和以通用：如唐代陆德明《经典释文》说：“‘知’者，或并云‘智’。”老子分明又在暗指——聪明人决不会去夸夸其谈的、爱出风头的人，更不会去炫耀自己知识广博。不管老子指的是“知道”还是“智者”都说明了一个问题——他说明这种谨慎言谈的人都是有涵养和智慧的人。

首先，有智慧的人知道，不该讲话的时候决不能讲。因为在某个特定的形势、场合、背景下，尽管你知道，但是不该说的就不说，说了反而不如不说的好，甚至还会带来祸害。历史与现实生活中很多人就是不能把握这一点，不看对象，不看场合，说话有口无心，给自己带来很多的麻烦，甚至一生的悔恨。

第二次世界大战期间，美国一个水兵，在他服役的军舰行将从美洲开往欧洲作战时，他多嘴多舌，竟借公用茶室的电话通知朋友，将出发的时间、开往地点、航行路线悉数暴露，不想隔墙有耳，当时在场窃听的一个德国间谍立即将这一情报报告了德国情报局，结果，这艘美国军舰很快被德国潜艇打入龙宫！这个多嘴的“舌头”也喂了鱼虾。

当然话还是要说的，不过说话要做到“慎言”才行。正如老子所说“知者不言，言者不知”一样。那些懂得说话分寸的人从来都不会瞎说、乱说，故而他们能够得到人们最大的信任，说出来的话才有可信度。

晏子是古代一位智者，他虽然伶牙俐齿，然而他说的话却是字字珠玑、都能切入要点。为此，他也深受当时人们的敬仰和国王的信赖。

齐景公非常喜欢捕鸟，他常常将捕获的各种各样的鸟养起来赏玩，还专门指派了一个名叫烛雏的人主管捕鸟的事。

有一天，烛雏不小心放飞了齐景公养的鸟。于是齐景公十分生气，他大发雷霆，准备杀掉烛雏并且不允许任何人为烛雏求情，求情者与烛雏同罪论处。

群臣虽然有心救烛雏却无奈齐景公有话在先。晏子知道了这件事后，赶紧跑来见齐景公。他对齐景公说：“烛雏犯了罪，请让我来一一列举他的罪状，然后大王按他的罪过来处死他吧。”齐景公见晏子不是来求情的，便同意了他的请求。

于是晏子派人把烛雏叫来，当着齐景公的面历数烛雏的罪状，说：“大王派你专门看管鸟，你却粗心大意让鸟飞掉，这是第一条罪状；你使大王因为鸟飞掉的缘故而杀人，让大王背上杀人的名声，这是第二条罪状；如果让别的诸侯王听到这件事，认为我们的大王把鸟看得比人命还重，从此坏了大王名声，这是第三条罪状。”晏子一口气列举了烛雏三大罪状后，请齐景公处决烛雏。

齐景公在晏子斥责烛雏罪状的时候早已醒悟过来，他摆摆手说：“不要杀了，不要杀了，寡人盛怒之下差点做了错事。多亏爱卿指点。”就这样，齐景公不但没有杀烛雏，还向他表示歉意。同时又向晏子表示感谢。

斯大林说，“人生有舌头是为了控制它和支配它。”当然，言之正误好坏，关键还在于思想。思想对了，才能谨言慎行，言之成理，言之有礼。

企图用多言的方法来掩饰自己的无知，那样反而会暴露自己更多的缺点、显得自己不但无知而且愚蠢。唯有管住自己的舌头，在多数场合学会做一个绅士般的“听众”，细致分析、提炼别人话中的精髓，才能像智者那样一语道破天机，令人折服。

有了功劳要保持低调

原典

万物作为而不辞，生而不有，为而不恃，功成而弗居。夫唯弗居，是以不去。

解读

让万物自己发展而不先为之创造，圣人辅助万物生长而不据为己有，对万物有所施为而不自恃有恩，事情成功而不自居有功。正由于圣人这样不居功骄傲，所以他的功绩永远不会失去。

老子认为，一个人有了功劳越是不居功，越能够让人永记于心；越是居功自傲的人，越容易成为别人攻击的对象，从而惹来祸端。

“功劳”被别人传播出来是金子，被自己卖弄出来就成了黄土。因此我们应该学会老子这一智慧——有了功劳要善于隐藏，不张扬不卖弄。唯有不居功才能给别人留下一个很好的印象，才更能突出自己的功劳、受到重用。相反，如果稍有功劳就自吹自擂，一方面显得自己素质低下，另一方面也容易引起别人的反感而成为“众矢之的”。

在某种意义上说，老子更是在教导我们做人应该低调一些。

《左传》记载，鲁国与齐国作战，鲁军大败，作为统帅之一的孟之反留在后面掩护大军撤退。当大家都安全撤回而迎接他最后到达时，他却故意鞭打着马说："不是我敢于殿后，而是我的马跑不快呀！"其实，孟之反不自夸，谦逊只是原因之一。原因之二还在于他不愿居功，以免引起其他将领和同僚的妒忌。

谦逊也好，不居功以免被人妒忌也好，都是立身处世的艺术。尤其是在人际关系复杂的环境下，不锋芒毕露、不居功自傲的确是非常高深的修养。对于一般人来说，能够做到不争功就不错了，哪还能把自己本来就有的功劳推到一边去呢？正因为孟之反将军有这样高深的智慧，所以才能在乱世中自保。

东汉开国大将军冯异跟随汉光武帝南征北战，立下汗马功劳，却不以功自居。

冯异原来是王莽的新朝官员，以郡掾的身份监理五个县，与父城苗萌一同守城，与起义军作战。刘秀那时候是绿林军拥立的更始皇帝的部下，攻打父城，驻军在巾车乡。一次，冯异到所管辖的县里去，被刘秀的士兵抓住。

冯异的堂兄正跟随着刘秀，于是把冯异推荐给刘秀。冯异说，我一个人作用有限，不如让我回去拿五座城地来立功报答您。刘秀说，好的。于是冯异回去劝说苗萌一同归降刘秀。

刘秀向南回到宛城后，更始帝的其他将领，前后共有十几个人带兵来攻打父城，冯异就是坚守不投降。后来更始帝派刘秀到洛阳担任司隶校尉，经过父城，冯异立即开门迎接。刘秀让冯异担任主簿的职务，跟着到洛阳去。

刘秀的哥哥被更始帝杀了，刘秀表面上不敢显示出悲痛，一个人单独居住的时候则不吃肉、不喝酒，暗暗流泪，冯异经常劝解他。后来更始帝派刘秀到河北开拓地盘，冯异劝刘秀趁机派人巡视郡县，平反冤狱，收揽民心，刘秀这样做了。

刘秀到河北的初期，因为王朗割据势力的猖獗，处境一度比较艰难。

在饶阳无蒌亭，天气寒冷，人又疲劳，冯异献上豆粥，刘秀喝了饥寒俱解。渡过滹沱河，在南宫遇到大雨，刘秀在道路旁的农舍里避雨烤火，冯异又送上麦饭。后来刘秀消灭了王朗，封冯异为应侯。

可是冯异却从来不居功、不骄傲。每到宿营地许多将领坐在一起谈论自己的功劳，冯异却常常一个人站在大树底下不声不响，所以军中称他为“大树将军”。

在刘秀麾下的将军之中，冯异治军有方，爱护士卒，深得部属拥戴，因此，士兵都愿意做他的部下。

后来冯异为刘秀建立了更大的功勋，打败赤眉军，平定关中地区，成为独当一面的大员。有人上奏章说，冯异专制关中，威权太重，百姓归心，称他“咸阳王”。刘秀把奏章给冯异看，冯异感到恐惧，上书请罪。刘秀说：“将军之于国家，义为君臣，恩犹父子，何嫌何疑，而有惧意？”可见刘秀对他十分信任。

后来冯异到洛阳朝见，刘秀对其他大臣介绍他说，这是我起兵时候的主簿，为我披荆斩棘平定了关中。又下诏书说，“仓卒无蒌亭豆粥，滹沱河麦饭，厚意久不报。”说明刘秀一直记着他的情意。

而冯异则一如既往，不骄其功，他学着管仲对齐桓公说的话说道：臣希望国家（指刘秀）不要忘掉河北时的艰难，小臣我不敢忘记在巾车乡受的恩惠。后来平定西北时冯异病死在军中。

冯异从不以功自居，坚守旧有的正道，也是终保荣华平安的一个原因。所以，在下者对在上者，切忌以功自居，保持低调才能有所大成，这就是人生的辩证法。

事盛则衰，物极必反

原 典

善有果而已，不敢以取强。果而勿矜，果而勿伐，果而勿骄，果而不得已，果而勿强。物壮则老，是谓不道，不道早已。

解 读

有道的人成就功果就适可而止，不敢执取功果而强梁霸道。不把功果作为凭恃，不借功果而张扬夸耀，不恃功果而骄慢待人，只把功果作为必需，并不因此而强霸天下。要知道，事物强壮了就难免趋于老化，这是不合于道的，不合于道总是自速其亡。

老子告诉我们一个很重要的道理，就是凡事要适可而止。

有智慧的人，明了世事如浮云瞬息万变的道理，不过，世事的变化并非毫无规律，而是穷极则返，循环往复。《周易·复卦·彖辞》中说："复，其见天地之乎！""日盈则昃，月盈则食。"老子将这种周而复始的自然变化概括为"反者道之动"，也就是说，人生变故，犹如环流，事盛则衰，物极必反。

"物壮则老，是谓不道，不道早已。"这句话老子反复强调过，也就是说凡事要适可而止，留有余地，避免走向极端，特别是在权衡得失进退的时候，务必注意这一点，不能“恃果而骄，恃果而强”。

《菜根谭》里说“花看半开，酒饮微醺”，这是一种境界，古诗也有云“美酒饮教微醉后，好花看到半开时”。酒饮微醺，正得其醺醺然然的快感，若是狂饮烂醉，超过了微醺的度，那接下来不仅感受不到酒的好处，反而会头痛、呕吐，在生理上遭受痛苦。还有的人喝醉了之后会做出一些平日清醒时绝对不会做的事，说错话，这就不仅仅是个人生理上的痛苦了，还会给其他人带来麻烦。这样的情景，几乎在哪家饭店都能够看到。最危险的还是那些酒后开车的人，自己或许觉得借着微醺之意驾驶别有一番滋味，但是酒精麻醉了人的神经，使人的反应变得比平时要迟钝，一旦出了事故对人对己都是灾难。

而花看半开，是说花未开时领略不到它的美，而花若全开也就离凋谢之期将近，最美便是半开时，就像是妙龄少女，尚未尽褪孩童稚气，却又未曾沾染成人的风尘，半开之花正是最美之时。

做人要有一种自惕、惕人的心情，得意时莫忘回头，着手处当留余地。宋朝李若拙因仕海沉浮，作《五知先生传》，谓安身立命当知时、知难、知命、知退、知足，时人以为智见。反其道而行，结果必适得其反。

但是君子好名，小人好利，人们往往为各色欲望所驱使，身不由己，只知进不知退，得意处张扬跋扈，全然不会未雨绸缪。

长孙无忌是唐太宗李世民的宠臣，他早年追随秦王李世民打仗，多有战功，屡有升迁。而且他的妹妹是李世民的结发妻子，贤良淑德，世人敬仰。有这两层关系，李世民对长孙无忌非常信任。

李世民登基后，长孙无忌受封齐国公，但他从不倚仗自己的身份而骄横行事，每言大事必反复思量，然后方徐徐陈进。有人说他太过谨慎，长孙无忌就说：“身为重臣，当自知厉害，慎对宠恩。我若倚仗皇上垂爱，不知检点，乱进谏言，一来对皇上不敬，二来也会由此失去皇上的信任，怎敢大意呢？”

有一次，在朝会上商议讨伐突厥的事，有人借突厥发生内乱之机，主张发兵讨伐，以成大功。长孙无忌听后却久久不发一言，唐太宗就问他的意见："你足智多谋，相信此事自有明断。你不作声，可是另有打算吗？"

长孙无忌见皇上相询，这才上前应对说："此事臣以为不可征伐。"

唐太宗很奇怪，说："你从前一向主战，今何致此呢？"

长孙无忌说："动止之间，全在变化，焉能不变呢？从前突厥与我为敌，不伐不行。如今突厥刚与我结盟，伐之失信，毁我天威。再说夷狄今已内乱，无力再侵我朝，这正是我朝求之不得的好事，何必多此一举呢？而一兴刀兵，徒增烦恼不说，恐怕祸患将生，与我大唐有弊无利，故不应出兵。"

唐太宗接受了他的谏言，说道："动止之祸，你已言透了。朕若贪恋全功，只怕终有抱憾。"唐朝不攻突厥，突厥感恩戴德，最后归顺了唐朝。

这里长孙无忌说明了两个道理，一个是事情是不断发展变化的，对同一件事情的处理方式要根据它的变化而有所不同，要因地因时制宜；另一个就是要适可而止，表面上看来唐朝正占了有利时机，可是如果因此而冒进讨伐突厥，后果却是自损大唐的威名，让其他附属国家认为唐朝不重结盟的诚信，也就会失去归顺的想法，从这一点来看，大唐的损失要比得到的更多。

后来长孙无忌的权力过大，以至于许多人都不断上书攻击他。唐太宗没有猜忌他，却把这些表文直接拿给他看。长孙无忌背生冷汗，坚持辞官，还泣泪说："陛下信任于臣，可是臣也不该让陛下为难。臣为国做事，本不在意身任何职，倘若为了那些身外之物而令天下猜忌，却非臣之所愿了。"

唐太宗一口回绝。长孙无忌忧心更甚，对自己的家人说："我虽然表面上受尊崇，可实际上已经处在风浪中了。这个时候，若不知退让，只是倚仗皇上撑腰，只怕他日有悔。"

他的家人反对说："皇上不准你辞官，别人又能把你怎么样呢？他们嫉恨你，难道就让他们得逞吗？你也太软弱了。"看，这就是世俗的看法，不明白物壮是不合于道的。

长孙无忌说："只进不止，只能授人以柄，时间一长，皇上也会疑心。何况既是皇上厚爱于我，我又何必为了那些虚名而自树强敌，招惹祸端呢？”在他的坚请辞官下，唐太宗只好解除了他的尚书右仆射之职，但仍让他主持门下省的事务。长孙无忌还是推让，唐太宗下诏说：“黄帝因为得到了力牧，才能成为五帝中第一个帝。夏禹因为得到咎繇，才能成为三王中第一个王。齐桓公因为得到了管仲，才成为五霸中第一个霸主。我得到了你，才平定了天下，你不要再推让了。”

唐太宗还亲自作了一篇《威风赋》赐给他，以表彰他的功绩。长孙无忌深感其诚，这才勉强留在朝中。此事传出，人们对他的攻击也就戛然而止了。

由此可见，在身处繁盛时期尤其不能恃果而骄，因为事物是在不断转变的，今天的繁盛可能就是明天的衰败，谁也不能保证自己永胜不败，所以要适可而止。

施予者有福

原典

圣人不积，既以为人，己愈有；既以与人，己愈多。

解读

圣人不为自己囤积，他尽力帮助别人，而自己更充实；他把自己所有的施予众人，自己也更丰富。

所谓舍得，总是要先舍而后得，你付出得越多，收获的自然也就越多，所以乐于施予的人有福了，那些只想占便宜而不愿付出的人最后只会一无所获。明白了这个道理，生活中我们就该学着多付出一点，多帮助别人，多善待别人。

自然界的气候规律是，气候温暖的时候就会催发万物生长，气候寒冷的时候就会使万物萧条沉寂。所以一个人如果心气孤傲冷漠，只会受到同样冷漠的回报。只有那些充满生命热情而又乐于助人的人，他所得到的回报才会深厚，福祉也才会绵长久远。

英国细菌学家弗莱明，原本是一个穷苦的苏格兰农夫。有一天，他正在田里劳作，听到附近泥沼里，有人发出求助的哭声。他急忙放下农具，跑到泥沼边，发现一个小孩掉到粪池里。弗莱明赶紧把这个小孩从死亡线上救了回来。

第二天，有一辆新奇的马车停在农夫家门口，从车里走出来一位优雅的绅士，他自我介绍是那位被救小孩的父亲。绅士对弗莱明的父亲说：

“我要报答你，你的孩子救了我孩子的性命。”

弗莱明的父亲说：“我们不能因救你的小孩而接受报酬。”就在这时，弗莱明从茅屋门走出来。

“那是你的儿子吗？”绅士问道。

弗莱明的父亲回答说：“是。”

绅士说：“我们来个协议，让我带走他，并让他接受良好的教育。假如这小孩像他父亲一样，他将来一定会成为一位令你骄傲的人。”

弗莱明的父亲答应了。后来，在这位绅士的资助下，弗莱明从圣玛利亚医学院毕业，他从一个穷苦农民的儿子成长为卓有学识的细菌学家。

1928年，弗莱明在伦敦大学讲解细菌学，无意中发现霉菌有杀菌作用，这种霉菌在显微镜下看来像刷子，所以弗莱明便叫它为“盘尼西林”。从这时开始，弗莱明便对盘尼西林作系统的研究，到了1938年，盘尼西林正式在病人身上使用。

在第二次世界大战期间，盘尼西林救活了无数人的生命。1944年，他被受封骑士爵位，他成为了举世闻名的弗莱明·亚历山大爵士，并得到诺贝尔医学奖。

这是个付出而不期望回报却出人意料地得到回报的故事。而之所以赢得这些回报，是他们在人际交往时无意间呈现的高风亮节和人格魅力。是的，在这个世界上，人们最敬佩尊重并渴望报答的，是那些具有高尚品德和良好声誉的人，不管他是一个伟人，还是一个农夫。

这种“与人方便”的做法，貌似糊涂，实则多么智慧——因为在“善待他人”的同时，自己也方便了！

不要吝啬给予，还有另外一个原因就是在帮助别人，方便别人的同时，你其实也是在帮助自己、方便自己。

佛家也有对给予与获得的深刻阐释，他们认为先舍而后得是人生的道理。

“舍得”一词，是佛家语，是禅境语。本意是讲万丈红尘扑朔迷离，人生在世总会有获得有舍却。舍与得互为因果，往与复本来是自如的，如果领略其中奥意，自然可以打破分别之心。佛无分别心；无分别心，即无烦恼挂碍，心境圆融通达，万象归于一乘，人生有限之生命就会融入无限的大智慧中。

舍与得的问题，多少有点哲学的意味。舍得，舍得，先有舍才有得，不舍不得，小舍小得，大舍大得，舍即是得。舍是得的基础，将欲取之，必先予之，因而人生最大的问题不是获得，而是舍弃，无舍尽得谓之贪。贪者，万恶之首也。领悟了舍得之道，对于做人做事都有莫大的益处。做人，应该抛弃贪婪、虚伪、浮华、自私，力求真诚、善良、平和、大气。做事，应该有所为有所不为。

生活本来就是舍与得的世界，我们在选择中走向成熟。做学问要有取舍，做生意要有取舍，爱情要有取舍，婚姻也要有取舍，实现人生价值更要有取舍……正如孟子所说：“鱼，我所欲也；熊掌，亦我所欲也。二者不可兼得，舍鱼而取熊掌者也。”人生即是如此，有所舍而有所得，在舍与得之间蕴藏着不同的机会；就看你如何抉择，倘若因一时贪婪而不肯放手，结果只会被迫全部舍去，这无异于作茧自缚，而且错过的将是人生最美好的事物，即使最后也能获得什么，那也是一种得不偿失！何苦来哉？

记住，给予不是无奈的放弃，而是智慧的选择。

做人要“厚道”

原 典

大丈夫处其厚，不居其薄；处其实，不居其华，故去彼取此。

解 读

大丈夫立身敦厚，不处于浇薄之礼。立身实在，不处于浮华之礼。所以，应该去除浇薄浮华，只取敦厚实在。

不知什么时候“做人要厚道”这句话开始流行起来。翻阅老子的智慧我们发现了这样一句话——“大丈夫处其厚，不居其薄；处其实，不居其华，故去彼取此。”由此看来，先哲老子在很早的时候就已经很推崇这个“做人要厚道”的思想了。

有人说可能会这样认为——在这个世界上越是善于玩弄手段的人越能赚到钱、越能“逍遥”。我们不应将眼光放得如此短浅。只要稍微向远看，就不难发现这些善于玩弄手段的人，不是妻离子散就是家破人亡，最终都没有好结果。从某种意义上说，“机关算尽”者的共同命运通常为：以害人始，以害己终。古往今来，概莫能外。

庞涓与孙膑同窗学兵法，学业有成后，庞涓投奔了魏国，得到惠王的重用，被提拔为将军。而孙膑投靠了齐国也被封为了将军。

庞涓深知自己的能力远不如辅佐齐国的老同学孙膑，感到他是个威胁，便想方设法的将孙膑“挖”到了魏国。

如果说庞涓挖同学孙膑到魏国去，是为了共御外侮、携手并肩效力魏国也无可非议。然而庞涓并不是这样。当他暗中派人把孙膑接到魏国以后，又怕孙膑超过自己，便不顾同学之情，盗用法令、罗织罪名，残忍地砍掉了孙膑的两只脚。至此，庞涓还是放心不下，又刑上加刑，在孙膑的脸上刺了字，想让他从此永世不得重见天日，企图达到从肉体到精神全面摧毁孙膑的目的，以剪除竞争者。但是妒贤嫉能、玩弄权术、自以为聪明的庞涓，万万没有料到，他这样做却激励了孙膑更加发愤，“孙子膑足，而论兵法”，终于在齐、魏马陵一战中，被孙膑打得“智穷兵败”，无颜见世人而“自刎”。这就是“机关算尽”，到头丢了自己的性命。

庞涓的结局很显然是咎由自取——他对待昔日的老同学一点也不厚道、心眼太小了，以至于后来遭到了报复。做人不厚道害人终害己的旗帜他是一个，商鞅也是“做人不厚道”的受害人。

秦、魏两国军队摆开阵势以后，商鞅派人给魏国领兵的将领公子卯送上一封信，信上假惺惺地说：“我和您是老朋友，现如今是敌对的两国将领。我不得不接受秦王的委派带兵前来攻打您。我很想和您见上一面，签订个盟约，大家高高兴兴地喝一杯，然后领兵回营，使秦、魏两国都相安无事，不是很好吗？”商鞅本来就是公子卯的老朋友，信上又把主动请命领兵伐魏说成是“秦王令我领兵伐魏”，似乎是不得已而为之。谎话说得那么不脸红，也就很有欺骗性。难怪魏公子卯不听军吏劝阻，应邀与商鞅相见。没有想到，会盟之后，正在尽情饮酒之际，商鞅早已埋伏下的全副武装的刀斧手突然出现在席间。公子卯还没有清醒过来，便当了俘虏，成了阶下囚。

商鞅虽因俘虏公子卯、大破魏国军、割河西之地而名利双收，得到商、於十五邑的封地，戴上“商君”的桂冠。然而这胜利的花环掩盖不了他灵魂的丑恶，为人的卑劣。与庞涓一样，商鞅也无法逃脱道德的惩罚，无法改变“恶有恶报”的戒律。待他的支持者秦孝公死后，不得不离秦去魏。魏人怨恨商鞅欺诈公子卯而使魏国损兵、折将、割地，而不肯接纳他，并愤愤地将其押送回秦国。秦国杀了他犹不解恨，又“车裂”之，并灭其族。

如果一个人总是玩弄权术、“机关算尽”，只能得利于一时，最终还是搬起石头砸自己的脚，看来，做人还是厚道、坦荡一点好，人生在世，要干一番事业，就无法回避与人的竞争。而竞争应当靠真本事，才能使自己立于不败之地。那种靠诈骗与人周旋的人，早晚会露馅儿，为人们所唾弃。

做人要坦诚、厚道，就是对待别人以心换心，以情换情，千万不要做一个损人利己，把自己的快乐建立在别人痛苦之上的冷血人，那样将不会得到别人的尊重，而且往往会受到别人的唾骂，为人所不齿。

七、戒骄戒矜

祸福相倚的因果效应

在老子眼里，祸与福是相对的。老子说："企者不立，跨者不行。自见者不明，自是者不彰。自伐者无功，自矜者不长。其在道也，曰馀食赘行。物或恶之，故有道者不处。"意思是说，踮起脚想站得高一点，反而站不稳；急切地大跨步前行，反而走不快；偏执一见的人，事物总是看不明白；自以为是的人，是非总是看不明白；自我夸耀的人，事业上不会有成就；自高自大的人，反而不能持久。满招损，谦受益，这是古人留下的名言，也是当今社会生活中不可忽略的生活智慧。有多少人因为不懂得及时地抽身退步，而给自己带来祸患；又有多少人不明白过犹不及的道理，而让自己膨胀过度，反而不美。气球再大，里面也是空的；风筝再美，也不可能飞得比鹰更高；智慧的人生是戒骄戒矜。

有傲骨但不可有傲气

原典

不自矜，故长。

解读

不傲慢自负，所以能够进步。

老子的“不自矜，故长”，就是告诫人们只有戒除傲气，才能做一个令人敬仰的人。

傲气者，盛气凌人，傲慢自负，自我感觉良好。这样的人也许某一方面高人一等，优人一招，先人一步，或者并无过人之处，只是虚张声势、故弄玄虚罢了。不管属于哪一种类型，都是过高地评价自己，蔑视别人，习惯仰面朝天，居高临下，盛气凌人。自以为了不起，自高自大，盈气于内，形态于表，老子天下第一，用不可一世的表情来傲视别人。这样的人迟早会在阴沟里翻船。

国画大师徐悲鸿先生有句名言：“人不可有傲气，但不能无傲骨。”前半句很明确地告诫了我们：人不可恃才傲物、孤芳自赏——看自己一朵花，看别人豆腐渣，而应该尊重别人；不要认为别人都不如自己，那样根本无法提高自己，只能让自己在自傲自负中一天天堕落下去。

杨修为什么会招来杀身之祸？正是他自恃才高、傲气太盛，他的傲气惹恼了曹操，日积月累，最终因“鸡肋”命丧黄泉。

闯王李自成率大军驰骋疆场，转战东西，其气势之浩大如排山倒海，不可遏止，可为什么最终惨遭失败呢？也是因为傲气。闯王率大军进入北京城后，张灯结彩，天天过年，结果傲气磨钝了起义军的锐气，使起义功败垂成，给后人留下了无尽的遗憾。

有傲气的人大都从个人着眼，一切从个人出发，张扬自己无视他人，以一己之私傲视万物于脚下，这时的傲气就成为羁绊个人发展、破坏群体关系的一剂毒药，它所导致的是一种唯我独尊、目空一切、自高自大的自恋情结，同时相行而生的是一种排斥他人、拒绝合作、蔑视群体、崇尚个人的排他情结，从而形成一种自恋自娱的狭隘个人空间。

自傲也是令人失败的根源所在。《三国演义》中的“关云长大意失荆州”一节，与其说是关羽大意，还不如说是关羽自傲更确切。

逊曰：“某奉吴侯命，敬探子明贵恙。”蒙曰：“贱躯偶病，何劳探问。”逊曰：“吴侯以重任付公，公不乘时而动，空怀郁结，何也？”蒙目视陆逊，良久不语。逊又曰：“愚有小方，能治将军之疾，未审可用否？”蒙乃屏退左右而问曰：“伯言良方，乞早赐教。”逊笑曰：“子明之疾，不过因荆州兵马整肃，沿江有烽火台之备耳。予有一计，令沿江守吏不能举火，荆州之兵束手归降，可乎？”蒙惊谢曰：“伯言之语，如见我肺腑，愿闻良策。”陆逊曰：“云长倚恃英雄，自料无敌，所虑者唯将军耳。将军乘此机会，托疾辞职，以陆口之任让之他人。使他人卑辞赞美关公，以骄其心，彼必尽撤荆州之兵以向樊城。若荆州无备，用一旅之师，别出奇计以袭之，则荆州在掌握之中矣。”蒙大喜曰：“真良策也。”由是蒙托病不起，上书辞职。

陆逊回见孙权。孙权乃召吕蒙还建业养病。蒙至，入见权。权问曰：“陆口之任，昔周公瑾荐鲁子敬以自代，后子敬又荐卿自代，今卿亦须荐一才望兼隆者代卿为妙。”蒙曰：“若用望重之人，云长必然防备。陆逊意思深长，而未有远名，非云长所忌。若即用以代臣之任，必有所济。”权大喜，即日拜陆逊为偏将军、右都督，代蒙守陆口。逊谢曰：“某年幼无学，恐不堪重任。”权曰：“子明保卿，必不差错。卿无得推辞。”逊乃拜受印绶。连夜往陆口，交割马步水三军已毕，即修书一封，具名马、异锦、酒礼等物，遣使赍送樊城见关公。

时公正将息箭疮，按兵不动。忽报：“江东陆口守将吕蒙病危，孙权取回调理。近拜陆逊为将，代吕蒙守陆口。今逊差人赍书具礼，特来拜见。”关公召入，指来使而言曰：“仲谋见识短浅，用此孺子为将。”来使伏地告曰：“陆将军呈书备礼，一来与君侯作贺，二来求两家和好。幸乞笑留。”公拆书视之，书词极其卑谨。关公览毕，仰面大笑，令左右收了礼物，发付使者回去。使者回见陆逊曰：“关公欣喜，无复有忧江东之意。”逊大喜，密遣人探得关公果然撤荆州大半兵赴樊城听调，只待箭疮痊合，便欲进兵。

吕蒙正是抓住了关羽的这个“傲”，才故意称病让陆逊顶替位置迷惑关羽。结果关羽果然中计，撤走了防守东吴一方的兵马，降低了对东吴兵马的警戒，才使得吕蒙偷袭成功，丢掉了赖以保身的荆州，落了个败走麦城、兵败被杀的悲惨结局。

意大利哲学家阿奎那将“骄傲”列为人的七宗罪之首，而毛泽东同志也曾专门撰文强调中国共产党人须“戒骄戒躁”，都是从一定意义上说明骄傲的思想万万要不得。因此，我们也只有吸取老子“不自矜，故长”的智慧，摒除傲气，才能使自己在人生的舞台上更加成功。

懂得内敛才会免遭嫉妒

原 典

大成若缺，其用不弊；大盈若冲，其用不穷。

解 读

大道的完美好像有欠缺，但运营施展的作用不会衰败；大道的充实好像很空虚，但运营施展的作用无穷无尽。

正如一个不影响使用的东西，看上去不够华丽，人们却会充分利用；一个饱满而有空隙的物体似玄空一般，但它的动能却源源不断。这句话寓指做人要虚心，不要骄傲。

老子认为真正有修养的人，应该具备一种“大成若缺”“大盈若冲”的内敛工夫，只有这样才能够在为人处事上游刃有余、置危险于身外。

如此看来，有才能的人不一定是幸福的人，因为才能不仅能带来荣耀，更能导致灾难。才能让人羡慕，也让人嫉妒。才能出众如同树大招风，心胸狭窄的无能之辈总是与有才能的人为仇。因此，有才能的人更应懂得内敛的重要性，懂得如何去运用它，否则定会在这方面栽跟头。

唐代大诗人白居易才高八斗，刚直耿介。他在朝为官时，许多无才无德的小人就重点攻击他。

一次，唐宪宗召见白居易，对他说："你诗名很大，为人忠直，不像是个奸诈之人，可为什么总有人弹劾你呢？"

白居易说："皇上自有明断，我说什么也是无用的。不过依我看来，我和那帮人道不同不相为谋，一定是他们嫉恨我的才华忠直。否则，我和他们无冤无仇，他们为什么会无端诬陷我呢？"

白居易自知难与小人为伍，却不屑掩饰锋芒，他对那些无能之辈常出口讥讽，绝不留半点情面。

一次，朝中一位大臣作了一首小诗，奉承他的人不在少数。白居易看过小诗，却哈哈一笑，说："如果说这是一首好诗，那么天下人都会写诗了。"

事后，白居易的一位朋友劝他说："你身处官场，不应该当众羞辱别人。你不是和朋友谈诗论道，在朝堂上若讲真话，人家只会更加恨你了。"

白居易说："我最看不惯不懂装懂之人，本来我不想说，可还是压抑不住啊。"白居易自恃有才，说话办事往往少了客气。他对皇上也大胆进言，只要他认为不对的事，他就直言上谏，全不顾任何禁忌。

河东道节度使王锷为了晋升官职，大肆搜括百姓，他向朝廷献上了很多财物，唐宪宗于是准备让他当宰相。

朝中大臣都没有意见，只有白居易站出来反对。唐宪宗生气地说："你是个才子，就该与众不同吗？你每次都和我唱反调，你是何居心呢？"

皇上发怒了，嫉恨白居易的小人趁势说他恃才傲物，目中无人。一时，白居易的处境更加恶劣，格外孤立。

大臣李绛同情白居易，劝他收敛锋芒，说："一个人如果因为才高招来八方责难，他就该把自己装扮得平庸了。你的见识虽深刻远大，但不可显示出来，你为什么总也做不到呢？这也是为官之道，不可小看。"

最后，白居易还是因为上谏惹祸，被贬出朝廷。白居易的才能人所共知，他尽忠办事，见解高明，却不能建功，只因他的才能过于外露，优点反变成了缺点。

世上没有绝对的公平，相信才能万能的人只能算幼稚。人们应当时刻提防小人的暗箭中伤，把最能让他们嫉妒的东西藏起来，避免不必要的纠缠。

内敛，可以说是我们为人处世的传统方式。不以物喜，不以己悲，是一种内敛；智欲圆而行欲方，也算一种内敛；凡事不张扬，得意不忘形，富足时不骄矜，位卑或者贫穷时也不谄媚，更是一种内敛。

修身，当谦虚谨慎，虚怀若谷，内敛而不张扬。古人云“君子泰而不骄，小人骄而不泰”，说的就是仪表、行为上的差异。它告诫我们，在日常的生活、工作中，要时刻注意自己的言行举止，懂得在谦虚中善学，懂得在内敛中进步，而不要不知天高地厚，摆出一副唯我独尊、锋芒毕露的骄傲姿态。

取长补短天之道

原典

天之道，损有馀而补不足。

解读

天地运作的道理，是取多余的去补不足的。

俗话说，“尺有所短，寸有所长”。世界上各种事物都是如此，从不同的角度看，各有所长，又各有所短。唯有互相取长补短，才会互相取益，各显其才。长处和短处每个人都有，关键在于如何看待。

老子在长处与短处这个问题上是这样认为的：“天之道，损有余而补不足”，他觉得取人之长，补己之短，才是人生的处世之道。

谦虚我们的态度，用一双慧眼去发现生活中身边人的优点，捕捉它们、并用这些人的优点来点亮自己的人生，我们的人生才能更光彩夺目。

一天，上帝对一个盲人、一个跛子以及两个壮汉说：“你们沿着这条路一起出发，谁先把幸福之门打开，我将满足他的任何愿望。”说完，一声令下，比赛正式开始。

只见两个壮汉拔腿就跑，其速度快如风驰电掣。而盲人因眼疾，只能一步步试探性的前进，跛子虽有明确目标，可也只能缓缓前进。

历经无数次的坎坷摸索之后，盲人和跛子达成了共识，即盲人背起跛子充当双腿，跛子给盲人充当双眼，两人取长补短，一步步向幸福之门迈近。

眼看着两个壮汉临近终点，一个壮汉突然停下将另一个壮汉狠狠地推倒在地，尔后自己继续向前跑去。此时被推倒的人又迅速爬起来追上前者，一脚踢在对方的后腿上。两人厮打起来，他们谁都不允许对方推开幸福之门。

就在他们纠缠在一起时，盲人和跛子赶了上来。两个壮汉因为互相阻挠，都没注意到周围事物的变化。盲人和跛子因为互相弥补了自己的缺陷，慢慢地走到了前面。在幸福之门前面，他们并没有互相抛弃，而是彼此示意之后，共同打开了幸福之门。

长处是我们应该加以发扬的，但却不能骄傲；短处是我们应该加以克服的，但却不可因此而掩饰。

俗话说："人无完人"，人毕竟不是"神"，是活生生的有着缺点和长处的结合体，尤其是在科学文化发达的今天，分工很细，现代化建设需要有各种各样的专门人才。而由于时间和精力的限制，我们每个人又不可能什么都学，什么都懂。因此人与人之间，所长和所短差距很大，这就要求我们每个人既要谦虚谨慎，时时正视自己的短处;又要不断看到别人的长处，不能因别人有缺点或短处就紧盯着不放，把别人看得一无是处。

老子的智慧告诉我们，修身养性应该多一些取长补短。广泛吸取别人的优点弥补自身的缺点，是对待长处、短处的正确方法，也是达到让人进步的必备条件。

待人接物要以“和”为本

原 典

万物负阴而抱阳，冲气以为和。

解 读

万事万物都在背阴抱阳的环境中繁衍生息，阴阳二气交互作用生成的一团和气是万事万物存在和发展的根本。

待人接物少不了这一团和气，如果你脾气不好，动不动就怒气冲天，那就违背了老子的“道”，有可能要吃亏。

有了喜怒又能适可而止，《中庸》把它称做“和”。如果怒气太盛，就会败坏内心的和气。至于事物乖张不顺，都是怒气过盛所致。

据《论语》中记载：孔子说君子有九思，其中第八思叫“忿思难”。是说人如果想发怒的时候，应当考虑日后的灾难性后果，以抑制自己的愤怒。

陶潜有一首诗，大意是这样的：怒气比火焰还厉害，它会焚烧了和气，使人白白伤悲，当颇多感慨时，不必勉强自己，事后心境自会清凉。清代的林则徐曾手书“制怒”两个大字作为条幅，悬于室内，以提醒自己抑制发怒。这也是在告诫我们，待人处事要以和为本，不要让怒火控制了自己。

一位女白领讲过这样一件事。

她说：我曾经对一份工作萌生疑惑，隐隐觉得我的潜力绝不仅止于此，但在一般人看来那又是一份相对光鲜的工作。何去何从？我将自己的想法倾诉给一位平日里总是对我笑脸相迎、体贴入微的女友，并顺便打听一下她们单位的情况。过了一天，就有人打电话给我们老总：就我所知，你们这儿的某某想要跳槽去某处(就是那位女士供职的地方)，请小心云云。听到这个消息，惊怒交加之下，我还是仔细想了想，这个想法的确只告诉了那个女朋友。我不禁笑起来。

事情说开了，我反而有些释然，向老总坦承了我的感受。我终于选择了另一份无疑更适合我发展的工作——当然，不是去那位女友的单位影响她的发展，她实在是过虑了。

现在想起来，我真的要好好感谢那位女友。如果不是她从中作梗，对于当时还没有清楚自身发展方向的我来说，还不知要在那份鸡肋工作中耽搁多少宝贵时间。还有就是她教会了我君子相忘于江湖的交友原则，这使我的友情天地愈加别具意趣：是你的朋友，不必卿卿我我；不是的话，说一千句一万句甜言蜜语，岂不是自取其辱？

这样想开了就会发觉，世间并没有什么事非让你耿耿于怀不可，只要乐于忘记，你就能拥有一个别样人生。

乐于忘记是智者的一个特征，既往不咎的人，才能甩掉沉重的包袱，轻装前进。乐于忘记，也可理解为“不念旧恶”。人是要有点“不念旧恶”的精神。况且在人际交往中，许多情况下，人们误以为“恶”的未必就真的是什么“恶”。退一步说，即使是“恶”，对方心存歉意，诚惶诚恐，如果你不念恶，以礼相待，进而对他格外地表示亲近，也会使为“恶”者感念其诚，改“恶”从善。

宋代的王安石当宰相时，因为苏东坡与他政见不同，便借故将苏东坡贬官到了黄州。然而，苏东坡胸怀大度，他根本不把这事放在心上，更不念旧恶。王安石被罢相后，两人的关系反倒好了起来。苏东坡不断写信给隐居金陵的王安石，或共叙友情，互相勉励，或讨论学问，十分投机。苏东坡由黄州调往汝州时，还特意到南京看望王安石，受到了热情接待，二人结伴同游，促膝长谈。离别时，王安石嘱咐苏东坡："将来告退时，要来金陵买一处田宅，好与我永做睦邻。"苏东坡也满怀深情地感慨说："劝我试求三亩田，从公已觉十年迟。"二人一扫嫌隙，成了知己。

唐朝宰相陆贽，在位时曾偏听偏信，认为太常博士李吉甫结党营私，便把他贬到明州做长史。不久，陆贽被罢相，被贬到了明州附近的忠州当别驾。后任的宰相明知李、陆有这点私怨，便玩弄权术，特意提拔李吉甫为忠州刺史，让他去当陆贽的顶头上司，意在借刀杀人，通过李吉甫之手把陆贽干掉。没想到李吉甫不记旧怨，上任伊始，便特意与陆贽饮酒结欢，使现任宰相借刀杀人之计化为泡影。对此，陆贽自然深受感动，他便积极出点子，协助李吉甫把忠州治理得一天比一天好。李吉甫不计前嫌，宽待别人，也帮助了自己。

生活中，当我们有对不起别人的地方时，便会深切地渴望得到对方的谅解，深切地希望对方把这段不愉快的往事忘记！将心比心，我们为什么不能用如此宽厚的想法去对待别人呢？

想让自己活得更轻松一点？那么心中就要有一团和气，就要把所有的怒火和不愉快统统放在一边。

空杯子才能用来盛水

原典

埏埴以为器，当其无，有器之用。凿户牖以为室，当其无，有室之用。

解读

搓揉陶土来制造器皿，中间要保留空间，才有盛物的功能。开凿门窗建造居室，中间保留空间，才有房间的功能。

正如老子所说，物品只有保留一定的空间，才能发挥它们的作用。人又何尝不是这样呢？一个人若想发展，同样需要留出足够的心理空间。

在这个高速发展的社会，随时需要知识、信息，不断吸取养分，所以心一定要空，也就是所谓的虚怀若谷，这样就能吸收无尽的知识资源，容纳各种有益的意见，从而使自己丰富起来。

一位大学教授特地向日本明治时代著名禅师南隐问禅，南隐只是以茶相待，却不说禅。

他将茶水注入这位来客的杯子，直到杯满，还是继续往里倒水。这位教授眼睁睁地望着茶水不停地溢出杯外，再也不能沉默下去了，终于说道：

“已经漫出来了，不要再倒了！”

“你就像这只杯子一样。”南隐答道，“里面装满了你自己的看法和想法。你不先把你自己的杯子空掉，叫我如何对你说禅呢？”

心太满，什么东西都进不去；心不满，才能有足够的吸纳空间。

弓如果时刻保持张开的状态，那么等到使用它的时候就不会将箭射得很远，人的内心一旦被装得过满，就不会在人生之路上再有大的作为了。给自己的内心留出足够大的空间，我们才能有更大的发展潜力。

李博生是中国工艺美术大师，他的许多作品都被作为国宝级礼品，由国家领导人赠送给尊贵的外宾。他的玛瑙雕刻作品《无量寿佛》曾获百花奖的金杯奖，是顶级作品。入行45年了，他说自己的工作是完善玉石，去除玉石瑕疵。

李博生告诉记者：“人要活得有激情，就要为自己找一个值得追求的目标。”

1958年，李博生到玉雕厂工作。第一次进厂，他看到的是好几位玉雕师光着膀子汗流浃背地打磨原石的场面。他于是知道了，做玉雕不光是雕刻那么简单，他心里暗暗发誓，一定要让自己做到最好。琢玉三年，他出师了，好几位高级工围着他的考级作品进行评判。看见评委们频频点头，他充满自信。可是分数打出来了，评委们只给了他99分。他很不服气，问评委“为什么要扣掉1分，明明可以打100分的”。评委们没有跟他争执，只是微笑着不停地点头。最后，一位高级技师对他说：“你别自以为是了，他们扣掉你一分，是为了你的明天；还差一分，你还有前进的余地；要是给你100分，你就走到头了，你还有发展吗？你的明天因此也就完了！”

李博生恍然大悟。从此，他不再满足自己。虽然前辈大师们作品的影子已在他心里生了根，但他并不限于那些框框，而是执著地走更加艰辛的探索与创作之路。30岁的时候，他进入了顶级玉雕大师的行列。

永远都不要给自己的人生打上满分，顶多打到99分就可以了，否则就会失去前进的动力。只能达到99分的人生，就如同一个永远都装不满的箩筐，因为装不满，我们才能往里面装进去更多的东西，人生才能学到更多的东西。

鱼再得势也不能离开水

原典

鱼不可脱于渊，国之利器不可以示人。

解读

鱼必须谨守本分生活于水中，一旦得势，亦不可忘形，离水而居。国之利器若轻易炫耀于人，则将无法抵抗躲在暗处的敌人。

这是老子对众人的一个“得意时不要忘形”的忠告，是说人们在得势之后一定要居安思危，常怀一颗忧患之心，才能让自己“得意”得更长久。

炎炎夏日，蚊虫肆虐，人们对此深恶痛绝。蚊虫虽不易灭绝，但却容易捕杀，原因很简单，它们时常得意忘形，把自己推上死路。

如果仔细观察就会发现，有些蚊子在吸食人畜的血液时，在没有受到惊扰的情况下，它会一个劲地吸起来没完，直到飞不动或勉强飞往一处自认为安全的地方休息，安于享受成功。此时它们吃饱喝足的身体已变得迟钝，完全忽视了危险的存在，而这正是它们接近死亡的时刻，若现在想杀死它，已无需奋力拍打，只需轻轻一按，它们便一命呜呼。

蚊子的死是罪有应得，但它给我们的启示却是深刻的：一个人经历千辛万苦换来成功的甘果时，是手捧观之得意洋洋，还是保持冷静视之为过去，重新设定新的目标，并加倍努力实现之。选择前者，就选择了和蚊子一样的命运；选择后者，成功的甘甜将会始终伴随左右。

“得意时不忘形”在现实中更多地表现为懂得居安思危。其实，居安思危的道理人人晓得，但真正做起来，就没有几个人能贯彻始终了。人在安逸的环境中，总以为苦难远在天边；人在得意时，总认为快乐可以长久，其实，一时的得意并不能说明自己以后便高枕无忧。

前秦皇帝苻坚刚上台时，做事谨慎，善于听取不同的意见。苻坚统一北方后，他变得自命不凡起来，对大臣们说：“我东征西伐，没有谁是我的对手。现在我准备征服晋国，一统天下，相信定会马到成功。”

丞相王猛这时已死，他临终曾告诫苻坚不可伐晋。太子苻宏于是以王猛的遗言为由，劝谏说：“从前王猛丞相主张不能对晋国用兵，是因为我国内部还不稳定，而晋国也无败亡之相。现在这种情况并没有太大的改变，父皇还是不出兵的好。”

苻坚说：“我国正处盛时，这时候攻打晋国，不是最好的时机吗？现在国内大治，人心稳定，你说的一点也不对。”

对形势盲目乐观的苻坚决心开战，大臣道安急忙出来相劝。他说：“皇上统一北方不久，人心并没有真正归附，许多不甘心失败者还蠢蠢欲动。现在皇上虽有百万大军，可有不少还是刚刚归顺的，他们的战斗力并不强大。皇上应当看到这些不利情况，万不可为表面的强盛所迷惑啊！”

道安说的都是实情，但苻坚听了却感到分外刺耳。心有异志的鲜卑人慕容垂为了自己的打算，极力拥护，苻坚伐晋的主张就这样轻率确定了。

事后，慕容垂对他的心腹说：“苻坚狂妄自大，他是被先前的胜利冲昏头脑了。我怂恿他伐晋，一旦天下大乱，我们鲜卑人就能趁机复国了。”

苻坚出征之前，仍有忠贞的大臣苦苦相劝，说：“皇上现在回头，也不为晚啊。要知晋国君臣合心，百姓安定，皇上无故出兵，他们一定会拼死反抗。而我军人员复杂，来源不一，有小的失败都可能引起大的波动。一旦出师不利，国家就有瓦解的危险，皇上不该不计利害啊！”

苻坚坚持用兵，结果正像劝谏者所预料的那样，前秦大败。不久，苻坚被杀，他的国家也灭亡了。

苻坚是个很有能力的君主，否则他也不能统一北方。他的失败是因为他太相信自己的能力了，看不到自身的骄狂，结果做出了十分错误的决策。

有能力的人能干大事，同样，有能力的人也最容易骄傲。骄傲可以使人过高地估量自己，进而在力不从心的事情上失败。

成功永远是相对的，在成功之时，危机并不是被永远消灭了，而是潜藏起来了。看不到这些隐患，高枕无忧地大肆行乐，隐患便会悄悄增长，直到有一天浮出水面。促使成功的奋斗精神和积极力量一旦消退，导致失败的各种要素就会强劲反弹，使成功化为乌有。

福兮祸之所伏

原 典

祸兮，福之所倚；福兮，祸之所伏；孰知其极？其无正！

解 读

灾祸与幸福紧密相连，而幸福的旁边又躲藏着灾祸。谁能知道祸与福之间相互变幻、彼此循环的根本原因呢？它是变幻莫测，远远超出于人们的想象力和理解力之外的！

俗话说，天有不测风云，人有旦夕祸福。古往今来，避祸之道始终是一门大学问，作为现代人，生活中处处存在竞争与陷阱，如何保身立命、趋利避害，是不得不研究的。

福与祸，在一定条件下是可以互相转化的。所谓一定的条件，既有客观原因，也有主观原因。而人的主观因素往往是其转化的最为关键的条件。在生活中，人们往往会因为目光短浅，一念之差，一时冲动，或是骄傲自满，而给自己带来祸患。

商王帝辛即商纣王的时候，雀在城边生了一只乌鸦，占卜的人说："凡是小的生出大的东西，国家一定会吉祥如意，您的名望一定会增加一倍。”帝辛听后喜不自禁，以为从此自己就是受天佑护了，从此不再管理国家，为人残暴凶狠，结果导致了外族的侵扰，商国因而灭亡了。这就是逆道而行，由福转为祸患的例子。

《列子·说符篇》上有这样一个故事：宋国有一户人家为人十分仁义，三代都是如此，待人真诚，常常做善事。有一天，他们家的黑牛生下一只白牛，别人就去问孔子。孔子说：“这是吉祥的征兆。”过了不久，那家人父亲的眼睛无缘无故地瞎了，而牛又生了一只白牛，过不多久，儿子的眼睛也瞎了。人们都觉得诧异，说这哪里是吉祥的征兆啊，明明就是恶兆啊。可是后来楚国攻打宋国，年轻力壮的人都被征召去打仗，而这父子两人因为双目失明而免于征役。等到战争停止的时候，他们的盲病不治而愈了。这时候人们才懂得吉兆的含义。

明朝人杨慎所著的《韬晦术》中有一句名言：“荣利之惑于人大矣，其所难居。”意思是说荣华利禄、高官显爵对于人的诱惑力很大，但是荣利场也是最难站稳脚跟的。《周易》有云：“安而不忘危，存而不忘亡，治而不忘乱，是以身安而国家可保也。”一个人在成为大权在握的领导者之后，居安要思危，位置越高越要谨慎。

往往人们就是在位置越来越高，生活越来越富裕的时候，就忘记了福祸相倚的道理。

唐朝郭子仪因平定安史之乱而立下大功，爵封汾阳王，任宰相，王府建在首都长安的亲仁里。郭子仪戎马一生，屡建奇功，但他从不居功自傲，忠勇爱国，宽厚待人，因此在朝中有极高的威望。

唐代宗大历二年(767年)十二月，有人掘了郭子仪父亲的坟墓，可是盗贼却没有抓到。人们怀疑是朝中宦官鱼朝恩指使人干的，鱼朝恩一向嫉妒郭子仪，并向皇上屡进谗言，一再阻挠皇上任用郭子仪。郭子仪对于祖墓被毁的原因心里也是明白的。他入朝时，皇帝先提起此事，郭子仪哭奏道：“臣长期主持军务，不能禁绝暴贼，军士掘毁别人坟墓的事，也是有的。这是臣的不忠不孝，招致上天的谴责，不是人患所造成的。”满朝的公卿大臣原来都很忧虑，怕郭子仪闹出事端，听了他的回奏后，都对他无限钦佩。郭子仪想到的是国家安危事大，朝廷的安稳远比自己私事重要。

汾阳王府自落成后，每天都是府门大开，任凭人们自由进进出出，而郭子仪不允许其府中的人对此给予干涉。

有一天，郭子仪帐下的一名将官要调到外地任职，来王府辞行。他知道郭子仪府中百无禁忌，就一直走进了内宅。恰巧，郭子仪的夫人和爱女正在梳妆打扮，而王爷郭子仪正在一旁侍奉她们，她们一会儿要王爷递毛巾，一会儿要他去端水，而郭子仪毫不在意自己被使唤来使唤去。

这位将官当时不敢讥笑郭子仪，回家后，就禁不住讲给他的家人听。于是一传十，传百，没几天，整个京城的人都把这件事当成笑话来谈论。郭子仪听了倒没有什么，他的几个儿子听了却觉得大丢王爷的面子，他们相约一齐来找父亲，要他下令，像别的王府一样，关起大门，不让闲杂人等出入。郭子仪听了只是大笑，一个儿子说："父王您功业显赫，普天下的人都尊敬您，可是您自己却不尊重自己，不管什么人，您都让他们随意出入。孩儿们认为，即使商朝的贤相伊尹、汉朝的霍光也无法做到您这样。"

郭子仪听了这些话，收敛了笑容，对他的儿子们语重心长地说："我敞开府门，任人进出，不是为了追求浮名虚誉，而是为了自保，为了保全我们全家人的性命。"

儿子们感到十分惊讶，忙问其中的道理。郭子仪叹了一口气，说道："你们光看到郭家显赫的声势，而没有看到这声势有丧失的危险。我爵封汾阳王，往前走，再没有更大的富贵可求了。月盈而蚀，盛极而衰，这是必然的道理。所以，人们常说要急流勇退。可是眼下朝廷尚要用我，怎肯让我归隐，再说，即使归隐，也找不到一块能够容纳我郭府1000余口人的隐居地呀。可以说，我现在是进不得也退不得。在这种情况下，如果我们紧闭大门，不与外面来往，只要有一个人与我郭家结下仇怨，诬陷我们对朝廷怀有二心，就必然会有专门落井下石、妒害贤能的小人从中添油加醋，制造冤案，那时，我们郭家的九族老小都要死无葬身之地了。"

郭子仪的确明智，他能在自己位高权重之时保持清醒的头脑，懂得福祸相依的道理，善于规避灾祸，所以才能四朝为臣。如果他对于自己的高官厚禄感到自满，就难免会生出骄横之气，不能忍气，那么那些想和他作对的人也就有机可乘了。

所以说，无论自己处在什么样的位置上，也无论眼前的风景有多么迷人，都不应该忘记一件事，美丽的风景之后可能就是悬崖峭壁。一定要保持清醒的头脑，规避可能会有的祸患。

不自夸，而人敬之

原典

大道泛兮，其可左右。万物恃之以生而不辞，功成不名有。衣养万物而不为主，常无欲可名于小；万物归焉。而不为主，可名大。以其终不自为大，故能成其大。

解读

至高无上的道，恩泽博大如海、无所不至，可普及于或左或右的各种领域。万物依靠它才得以欣欣向荣，道不偏不倚，不居功亦不占有。道之本体不忮不求，可以说是微不足道。而道之影响所及，万物都以其为依归，故而其大无极。正因道不自以为大，所以才能充塞宇宙之间，大至无极。

天地之大，以无为心；江海之大，以虚为本。因以善处下才能接受得更多，虚己接物就能容纳万物，继而成就其大。这是一种因果相继的关系。我们做人处世也是如此，唯有谦逊谨慎，不骄傲自满，不倚势横行，才能够得到别人的尊重，才能够圆融于世，才能够不争而胜，才能够充盈自我。

所以，真正做善事的人，不会留下自己的名字，也不会到处去宣扬，但是别人会因此更加敬重他。真正有学问的人，不会四处彰显自己的学富五车，也不会贬低别人的见解，但是别人会更加认同他。真正有能力的人，不会喋喋不休谈论自己的功绩，也不会故意出风头抢功劳，但是别人会更加赞赏他。

因为他们不自以为是，不认为自己就是大的、好的、强的，所以他们的“大”才是真正令人钦服的“大”。

“以其终不自为大”，故而有虚己之量，足以容纳世界，从小处来说也能保全自身。

有的人身处高位而倚仗权势，以为自己可以横行天下，结果引来杀身之祸，胡惟庸、和珅就是这样。有的人有学问而不谦虚，以为自己可以恃才傲物，有竹林之风，结果身首异处，祢衡、陆成秀就是如此。有的人积财而不散，贪恋世俗的金银珠宝，以为这就是得到一切的途径，结果祸患不请自来，沈季、徐百万就是这样。

东汉明德马皇后，是伏波将军马援的小女儿，扶风茂陵(今陕西兴平东南)人。

在马援死后，公元52年，年仅13岁的小女儿被选入太子刘庄的宫中。刘庄是皇后阴丽华所生，深得光武帝的宠信。马氏入宫后，悉心侍奉阴皇后，一举一动都合乎封建礼法的要求，待人又和蔼可亲，与宫中上下都相处得十分融洽。因此深得阴皇后的喜爱。公元57年，光武帝刘秀去世，太子刘庄即帝位，即汉明帝，封她为贵人。公元60年，大臣们联名上奏，请立皇后。明帝去问阴丽华皇太后，太后说：“马贵人德冠后宫，即其人也。”

马皇后当上皇后以后，依然保持勤奋、恭谨、俭朴的本色，衣服很朴素。

马皇后不仅为人恭谨朴素，悲天悯人，而且很有处理国家政务的才能。有时明帝在宫廷上遇到公卿大臣难以裁决的事，便回到后宫试着让马皇后解决。马皇后为他深入地分析事情原委，并提出解决方法，弥补了许多朝政上的缺陷，明帝也总是听从。虽然马皇后如此受到明帝的敬重，但却从未提及过自己的家事，也没有趁机为自己的亲属要求封赏。

马皇后真正是能够虚己的人，不因自己是皇后之尊而肆意妄为，而且还能够约束亲属，不让他们做出不合礼度的事情，这是非常难能可贵的。虚己处世，千万求功不可占尽，求名不可享尽，求利不可得尽，求事不可做尽。这样不居功自恃，才能成其大道。

八、返璞归真

无为而治的思想境界

在老子眼里，有为与无为是相对的。君子自然无为，以无事取天下；如果持而盈之，不如恭谨谦让；要做到无为而治，就要一切顺其自然。老子“无为”论的社会本质，并不是如一般人所理解的对罪恶的容忍，而是他对罪恶的理性预言。他对统治者提出了如下的严厉警告：当他们因私利而破坏自然法则“道”，把社会陷于水深火热的境地时，人们就连死都不畏惧了。“无为”论警告那些好战的统治者及其仆从们：他们那种破坏“道”的法则即破坏人民宁静生活的行为，将使他们招致可耻的灭亡，因为“不道早已”。

“无为”实则无不为

原典

圣人之治，虚其心，实其腹，弱其志，强其骨。常使民无知无欲。使夫智者不敢为也。为无为，则无不治。

解读

圣人的治理之道是：使大家的心灵虚静，生活务实。心志淡泊，平安健壮。常常使大家不去刻意追求知识和欲望。让智巧聪明的人没有特殊的目的和机会去妄为。以顺应时机并且去实践它，则不可能治不好。

老子最经典的智慧就是“为无为，则无不治”，老子在这里讲的“无为”并不是无所作为之意，更不是什么都不做。这里的“无为”是指不妄为、不随意而为、不违道而为。相反，对于那种符合道的事情，就必须以“有为”为之。

老子所指的“无为”智慧，只是让人在处世之时顺应大势、顺应自然。所以老子这种“无为”不仅不会破坏事物的自然进程和自然秩序，而且还有助于事物的成长和发展。

不该做的事情不要勉强，要克制自己的情绪，是无为的核心内容。不把个人的意志强加在人与事之上，并不是怯懦的表现，而是一种大的智慧。它能使人在潜移默化中走向自觉，收到良好的成效。

唐睿宗时，睿宗的嫡长子李宪受封宋王，十分受宠。睿宗的另一个儿子李隆基聪明有为，他杀死了篡权乱政的韦皇后，为睿宗登上皇位立下了大功。

按照礼制，李宪当被立为太子，有的大臣便对睿宗说："嫡长子李宪仁德忠厚，没有任何劣迹，立他为太子既合礼法，又合民心，望皇上早日定夺。"

睿宗感到李隆基雄才大略，最适合治理天下，所以一时陷入了两难境地，立太子的事于是一拖再拖，没有定论。

李宪看出了睿宗的心思，心有所悟，他对心腹说："父皇不肯立太子，他是对我有疑问呐！李隆基虽不是嫡长子，但他功劳很大，父皇是中意他啊。"

李宪的心腹说："于情于理，太子之位都是你的，这事绝不能相让。我马上和百官联络，共同上书，向皇上说明利害，一定促成这件大事。"

李宪的心腹和百官议定，当他们在起草奏书时，李宪急忙赶来，他对百官说："我考虑了多时，决定放弃太子之位，你们就不要为我费心了。"

百官十分惊诧，他们说："太子之位事关你的前程性命，怎会轻易放弃呢？自古这个位置你争我夺，本是常事，有我们替你说话，你还怕什么呢？"李宪说："大丈夫做事有所为，有所不为，我是十分慎重的。赞平王李隆基是我的弟弟，他有大功于国，父皇有心立他为太子也是情理之中的事。我若据理力争，不肯退出，我们兄弟之间必有大的冲突，朝廷就不会平安。如果危及了国家，我岂不是罪人吗？这种事我绝不会干。"

李宪制止了百官，又亲自上书推荐李隆基为太子，他说："赞平王文武双全，英勇睿智，他当太子有利于国家，我是衷心拥护他的。我个人的得失微不足道，请父皇不要为我担心，早下决断。"

睿宗很受感动，他对李宪说：“你深明大义，我就放心了。你有什么要求，我一定都会满足你。”

李宪一无所求，他说：“一个人只要顺其自然，就没有什么事可以妨碍他了，我不会强求什么。”

李隆基当上太子后，第一个拜访李宪，他说：“大哥主动让出尊位，不是大贤大德的人难以做到，大哥是如何设想的呢？”

李宪说：“你担当大任，大唐才会兴旺，我不能为了私利而坏了国家大事。望你日后勤政爱民，做个好皇帝，为兄就深感安慰了。”

李隆基连声致谢，又说要和他共享天下。李宪不让他说下去，他告诫李隆基说：“很多事是追求不来的，只有顺天应命，才不会多受损伤。将来治国不要逞强任性，这样效果会更好的。”

后来，李隆基登上了帝位，是为唐玄宗。他顺应民情，推出了一系列利国利民的政策，使唐朝进入了另一个盛世——开元盛世，天下走向大治。

李宪在立太子事情上的无为，是深思熟虑的，他既避免了一场宫廷内斗，又使自己全身而退，赢得了让贤的美名，这个结果无疑是很完美的。

“无为而治”又是一种管理之道。在老子看来，理想的社会应该奉行无为而治，管理者应当不断减少对人的管制和束缚，制定政策不能政出频繁，更不能朝令夕改。

东汉时期，吴祐在任新蔡县县令时，有人给他出了很多点子治理百姓，吴祐却无一采纳，他说：“现在不是措施不够，而是措施太多了。每一任知县都强调己能，朝令夕改，百姓无所适从啊。”吴祐不仅不提出新的主张，只是废除了许多不合理的规章，他召集百姓说：“我这个人没有什么本事，凡事要依靠你们自己的努力，只要有利于发展生产的，你们尽可按照自己的方法去做，有什么困难随时都可以找我。”

吴祐不干涉百姓的生产生活，又严命下属不许骚扰百姓。闲暇的时候，他整日在县衙中看书写字，十分轻闲。

有人将吴祐的作为报告给了知府，说他不务公事，偷懒放纵。知府于是把他召来，当面责怪他："听说你无所事事，日子过得分外自在，难道这是你应该做的吗？"

吴祐回答说："新蔡县贫穷困顿，只因从前的县令约束太多，才造成今天的这种局面。官府重在引导百姓，取得他们的信任，没有必要凡事躬亲，把一切权力都抓到自己手里。我这样做是要调动他们的积极性，让百姓休养生息，进而达到求治的目的。我想不出一年，你就可以看到效果了。"

一年之后，新蔡县果然面貌一新，粮食有了大幅增长，社会治安也明显好转。知府到新蔡县巡视一遍，对吴祐说："古人说无为而治，今日我是亲眼见到了。从前我错怪了你，现在想来实在惭愧。"

吴祐的无为而治不是消极的，他是针对从前的弊端而制定的全新措施，看似无法无为，其实大有学问。

任何事物都有其自身的规律，规律是不可否认的，都是不以人们的意志为转移的，我们只有尊重规律，利用规律。水遇热变成蒸汽，这是客观存在，无法改变，但我们却可以用这一规律来生产暖气，制造人工降雨等。这正是说明，我们无法改变铁一般的规律，却可以顺应它，利用它。

让心回到最初的澄澈

原 典

上善若水。水善利万物而不争，处众人之所恶，故几于道。

解 读

水滋养万物而不和它们有所争执，身处众人所厌恶的污垢之地仍能保持自己的本性，所以水最近于“道”。

水，为涧、为溪、为江河，可以潺潺，可以涓涓，可以浩浩；水，为池、为潭、为湖海，可以清流，可以舒缓，可以宁澈。水永远顺应自然，可以化成雨，可以凝结成冰，可以渗入沙土，可以跌宕起伏，可以弥散于空中，也可以潜藏于地下，在一动一静之间开合运行，有条不紊。

水的本性，不混杂就会清澈，不搅动就会平静，闭塞不流动也就不会纯清，这是自然本质的现象。所以说，纯净精粹而不混杂，静寂持守而不改变，恬淡而又无为，运动则顺应自然而行，这就是养心的道理。

水的本性是清澈平和的，如果搅动它就会变得混浊，如果堵塞住不让它流动，它也就不会纯净了。这和人心是一致的，人心的本初都是清静明澈如水一样的，但是流落于世，渐渐被欲望所迷惑，就像是往水中丢进了泥沙一样，也就渐渐变得混浊起来。只有懂得顺应天道的人，才能使自己的心重回当初的澄澈。

心一旦澄澈，没有欲望的杂质，那么对于名利富贵也就视若浮云了，再多也只是投映在水面的影子，触不到他们内心一分一毫。

清朝时，出身于农家的于成龙少有大志，自幼过着耕读生活，受到传统的儒家教育。顺治十八年，已44岁的于成龙不顾亲朋的阻拦，离妻别子，怀着“此行绝不以温饱为志，誓勿昧天理良心”的抱负，接受清廷委任，到遥远的边荒之地——广西罗城为县令。

罗城新隶于清统治下不到两年，由于局势未稳，两任知县一死一逃。于成龙到罗城时，这里遍地荒草，城内只有居民6家，茅屋数间，县衙穷得连门墙都没有，只有三间破草房，他只得寄居于关帝庙中。于成龙从山西老家带来的一位仆人忍受不了这样的清苦，就对于成龙说：“当官如果是这个样子，还有谁愿意当官呢？你应该请求调离此地，否则还不如回老家呢。”

于成龙说：“我本来就是个农家子弟，现在能当上知县，为百姓做事，还有什么不满足呢？和这里的百姓相比，我们并不算清苦，你就不要抱怨了。”

于成龙知足常乐，为百姓的事到处奔忙。他那个仆人见劝不动他，又不甘心跟着他吃苦，竟然偷偷逃跑了。

罗城的百姓见于成龙是真心为他们办事，便自发地前来看望他，有的还给他带来了一点钱物。于成龙说：“我一个人用不了多少钱，你们的心意我领了。钱物我绝不能收下，这是我做人的准则啊！”

罗城百废待举，首要的是安定社会，恢复生产。于是，于成龙采取“治乱世，用重典”的方法，首先在全乡建立保甲，严惩缉获案犯，大张声势地“严禁盗贼”。境内初安后，他又令乡民练兵，甘冒“未奉邻而专征，功成也互不赦之条”的后果，抱着为民而死甚于瘴疠而死的决心，准备讨伐经常扰害的“柳城西乡贼”。接着又在全县搞联防，从此“邻盗”再不敢犯境。

在消除内忧外患的同时，于成龙十分注意招募流民以恢复生产，他常常深入田间访问农事，奖勤劝惰。农闲时带领百姓修民宅、建学校、筑城墙。对迁入新居的农家，还亲为之题写楹联，以示鼓励。在深得民心之后，他又以刚柔并用的斗争策略，解决了“数大姓负势不下”的问题，使这些一向桀骜不驯的地方豪强“皆奉法唯谨”。三年之间，就使罗城摆脱混乱，得到治理，出现了百姓安居乐业的新气象。

康熙六年（1667年），于成龙被两广总督芦光祖举荐为广西唯一“卓异”，并升任四川合州（今四川合川市）知州。离开罗城时，他连赴任的路资也没有，出现了百姓“遮道呼号：‘公今去，我侪无天矣！’追送数十里，哭而还”的感人情景。

后来于成龙升湖广下江陆道道员，驻地湖北新州（今新春县），在湖北期间，无论地位和环境都有很大改善，但他仍然心清如水，保持了异于常人的艰苦生活作风。在灾荒岁月，他还以糠代粮，把节余口粮、薪俸救济灾民。因之百姓在歌谣中唱道：“要得清廉分数足，唯学于公食糠粥。”为广行劝施，让富户解囊，他更以身作则，甚至把仅剩的一匹供骑乘的骡子也“鬻之市，得十余两，施一日而尽”。康熙十七年（1678年），于成龙升福建按察使离湖北时，依然一捆行囊，两袖清风，沿途以萝卜为干粮。

于成龙的官阶虽越升越高，但他的心却没有被官海中的各色欲望所腐蚀，仍然是那样清澈，没有混杂，始终活泼地流动着，充满了盎然生机。他提倡“为民上者，务须躬先俭朴”。去直隶，他用糠屑杂米煮粥，和仆人一起吃；在江南“日食粗粝一盂，粥糜一匙，侑以青菜”，甚至整年都尝不到肉味，江南百姓因而亲切地称他作“于青菜”。于成龙的清操苦节享誉当时。据说，当他出任两江总督的消息传出后，南京布价骤然上涨，“金陵阖城尽换布衣。即婚嫁无敢用音乐，士大夫减驱从，毁丹亚，至有惊恐喘卧不能出户者……奸人猾胥各拿妻鸟兽。”

待于成龙卒后，居室中只看到“冷落菜羹……故衣破靴，外无长物。”南京“士民男女无少长，皆巷哭罢市。持香楮至者日数万人。下至菜庸负贩，色目、番僧也伏地哭”。可见百姓对他有多么敬爱。

于成龙在20余年的宦海生涯中，历任知县、知州、知府、道员、按察使、布政使、巡抚和总督、加兵部尚书、大学士等职。三次被举“卓异”，以卓著的政绩和廉洁刻苦的一生，深得百姓爱戴和康熙帝赞誉，以“天下廉吏第一”蜚声朝野。

人们通常认为，一个人在官场上，最开始时的那片清正廉明之气是很难保持长久的，是很容易被官场上的一些恶习所污染。其实这是因为他们的心不够清净，如果都能像于成龙那样，心如水一般清澈，便是有泥沙倾倒下来，也不过是晃上几晃，泥沙尽可沉底，水质仍是一片清明。所以环境的恶劣混浊并不是理由，一个人若是真正想要坚持内心的原则，任何外界的东西都是动摇不了他的。

只要我们可以秉持自己内心的清正，让自己如流水一样澄澈明净，不被混染。我们不可能生活在真空社会里，但是却可以让所有尘埃都沉到水底，只留水本质的清静。

改邪归正只在一念之间

原 典

善之与恶，相去若何？

解 读

美善与邪恶之间有多远的距离？仅在一念之间罢了。

人之初，性本善。每个人的内心深处都是向善的，一时萌生恶念也是受环境的刺激、熏染所致。一旦拂去蒙在“恶人”心头的灰尘，世界还会像本初的时候那样美好。

善恶相距并不远，恶人并不全是十恶不赦、顽固不化的魔鬼。

东汉时期，有个叫陈某的人，是个饱学之士，其品行端正、道德高洁，远乡近邻的人都非常敬重他。

有一年洪水泛滥，淹没了大片村庄和良田，成千上万的人无家可归，到处逃荒。为此盗贼四处横行，天下很不太平。

一天夜里，有个小偷溜进了陈某家里。他刚准备动手偷东西，忽然听得几声咳嗽，不好，有人来了。慌乱间，小偷一时找不到妥善的藏身之处，急中生智，顺着屋内的柱子爬到大梁上伏下身子，大气也不敢喘。

陈某提着灯从里屋出来拿东西，偶然间一抬头，瞥见了梁上的一片衣襟，他马上知道家里进了贼了。此时他一点都不惊慌，也不赶紧抓小偷，而是从容不迫地把晚辈们全都叫起来，将他们召集到外屋，然后十分严肃地说道：

“孩子们啊，品德高尚是我们为人的根本，在任何情况下，我们都应该对自己高标准、严要求，不能够因为任何借口而放纵自己、走上邪路。有些坏人，并不是一出娘胎就是坏人，而是因为不能严格要求自己，慢慢地养成了不好的习惯，后来想改都改不过来了，这才沦为了坏人。比如我家梁上的那位君子，就是这种情况。我们可不能因为一时的贫困而丢掉志气，自甘堕落啊！”

听了陈某的一番教诲，梁上的小偷吃了一惊：原来自己早就被发现了。同时他又很为陈某的行为所感动：他不但没抓自己，反而耐心教育自己。小偷羞愧难当，就翻身爬下梁来，向陈某磕头请罪说：“您说得太好了，我错了，以后再也不干这种勾当，求您宽恕我吧。”陈某和蔼地回答道：“看你的样子，也并不像个坏人，也是被贫穷所逼的吧。以后要好好反省一下，要改还来得及。”说完，他又吩咐家人取来几匹白绢送给小偷。小偷感激涕零，千恩万谢地走了。

从这以后，这一带就几乎再没有偷盗之类的事情发生了。

世间有几个人甘心做被万人唾骂的盗贼？他们这样做，可能是被生活所迫，也可能对世道不公的报复。不管怎样，一时走上邪道，并不代表他们已经彻底地变成了冷血动物，其实他们的内心更渴望温暖、渴望亲情。只要人间的善良之火种能照进他们内心那个最黑暗的角落，改邪归正也就是一念之间的事。

一个人贩子拐走了一个5岁的小男孩。小男孩没有像其他孩子那样哭，而是一直叫着人贩子“叔叔”，并且从口袋里掏出一颗糖，说：“叔叔，我最爱吃这种糖了，你的孩子也喜欢吃糖吗？叔叔，给你吃，挺甜的。”

这时，人贩子才想起自己也有一个家，也有一个5岁的女儿，女儿也喜欢吃糖，每次吃糖，都要送到他嘴里一颗，并轻轻地问道：“爸爸，甜吗？”人贩子这才意识到，生活在最困苦的时候也有它甜的一面。小男孩的一句话，唤醒了人贩子还没有完全泯灭的良心，也唤起了他对人间亲情的珍爱之情，他决定去投案自首。

一颗小小的糖块就能把人贩子从罪恶的梦里唤醒，把他拉到善良美好的岸边，你说“美之与恶，相去若何？”

为上者要有不争无为之德

原典

上德不德，是以有德；下德不失德，是以无德。上德无为而无以为；下德为之而有以为。上仁为之而无以为；上义为之而有以为。上礼为之而莫之应，则攘臂而扔之。

解读

上德之人不刻意显摆自己的德行，所以真正有德。下德之人总是不忘彰显所谓的“德”，所以无德。上德之人面对功劳和诱惑总是显得无动于衷，下德之人就不同了，他们没有什么作为，却认为自己大有作为。具有大仁爱的人把仁爱发挥到极致，却不当做自己的功劳，具有大义之人行了义举，把自身义举视为最大的功劳。讲究大礼义的人如果得不到回应，就会撸起袖子挥舞手臂（表示愤怒）。

以老子的观点来看，具备上德上仁的领导者才是真正的好领导。他们时刻把下属放在心上，与下属分享每一次成功的喜悦和失败的痛苦。

每个人都希望被他人肯定，即使工作未必成功，但终究是出了力，也想让别人知道自己的苦衷，如果他的工作得不到肯定，是在打击他的自信心，作为领导，切勿忽视员工参与各项事务的价值。

做领导，要懂得“施惠”，将恩惠布施给下属。如果你只顾自己享受，下属会认为自己为公司付出了那么多却没有受到激励，对组织的向心力自然变得薄弱，对你这个领导也会口服心不服。

对于下属的成功，领导者正确的做法是，与下属分享成功，分享他们成功的幸福和喜悦。假如主管领导是个喜欢抢占功劳的人，相信他的下属也不会怎样为他卖力。反之，如果领导能乐于和下属分享成功的荣耀，下属做事也分外卖力，希望下一次取得更大的成功。

你可以让别人推你攀升，也可以让别人拉你攀升，方法虽然不同，但结果却是一样的。因此，把功劳让给下属，他获得成就感的同时，也必然会助你成功。因为你的下一步成功也就意味着他下一步的成功。何乐而不为呢？

《三国志》中记载：一次，曹操发布命令说：“吾起义兵诛暴乱，于今十九年，所征必克，岂吾功哉？乃贤士大夫之力也。天下虽未悉定，吾当要与贤士大夫共定之。”并说，如果坐享胜利果实，我怎么能心安！于是大封功臣。他在另一次发布的命令中说：自古以来有作为的君王，何尝不是与贤人君子共同治天下的！唯才是举，我得到人才就要使用。在天下大乱、诸侯并起、纷纷逐鹿中原的东汉末年，曹操的人马由小到大、由弱到强，最终扫平各路豪强，统一北方，功业可谓大矣，在我国历史上也是辉煌的一页。可曹操在胜利面前，并未自我陶醉，也未居功自傲、贪天之功为己有，而是公开宣布这些胜利“乃贤士大夫之力也”。

这里，对曹操的此番举动，且不论是其使用人才的韬略还是调动其下属积极性的办法，但有一点有目共睹：曹操有着宽阔的胸怀。

无论是时势造英雄还是英雄造时势，主要领导者的作用不容否定。

但是也必须看到，个人的成功实际上是群体的成功。要把成绩留给下属，因为成绩对于下属来讲是一种最好的奖励。你需要的是更大的成绩，而你的下属的成绩越大，你的威望和在上层领导面前的成绩也就越大。成绩不一定都要表现出来，不管在什么时候，都不要同下属争功，这点是非常重要的。做一个让下属感动的主管，你的前途将永远光明。

例如，在某个公司的年终总结会上，总经理着重表扬了两组销售成绩较佳的员工，并邀请他们的主管上台。

第一位主管好像早有准备，一上台便滔滔不绝地畅谈他的经营方法和管理哲学，好像所有的成绩都是自己一个人的，令台下的同事们心里觉得很别扭。第二位主管一上台便感谢自己的下属，并庆幸自己有一班如此拼搏的下属，最后一一邀请他们上台接受大家的掌声，展示一下各自的风采。

以上两种类型的领导，在员工心目中的印象迥异，第一位主管是那种抢占功劳的人，不但令下属不满，同事也不喜欢那种夸夸其谈的口吻；第二位主管能与下属分享成果，令下属感到受尊重，自然更加卖力工作。

其实，做出成绩，是谁的功劳，一看自知，每个人的心里都是清楚的，根本不需要刻意突出谁，人人心里都有一杆秤，像以上的两位主管，应该怎么做，一比较自可见高下。

一个高明的领导，不但会与下属一起分享功劳，有时还会故意把本属于自己的那份功劳让给下属。但是，在这样做时，切勿要求属下报恩，或者摆出高高在上的姿态，因为下属可能会因此而感到自尊心受损，进而采取反抗的行动，如此一来，反而得不偿失。

把功劳让给下属，不过是小恩小惠，但这样的滴水之恩，却可以令下属以涌泉相报。

“糊涂”是真正的智慧人生

原典

俗人昭昭，我独昏昏，俗人察察，我独闷闷。澹兮其若海，兮若无止。众人皆有以，而我独顽似鄙。我独异于人，而贵食母。

解读

别人都明明白白处世，我却昏昏昧昧做人；别人都明察秋毫，唯我懵懵懂懂；大水荡荡如海，高风刁刁无止。别人都有所作为，我却顽劣鄙俗，我独期望与别人相异，主要是因为以道为精神食粮。

在这里，老子将众人和自己做了鲜明的对比：众人都有强烈的占有欲望，所以他们利用自己的聪明才智你争我夺，在混乱的世道里大有收获，直至绰绰有余，而我却好像丢失了什么东西一般。我在众人的眼里是多么愚笨的人啊！众人在收获到财富、地位、名利后必然会不甘寂寞，进行大肆炫耀，而我却采取昏昏沉沉、迷迷糊糊的生活态度。正因为我愚笨，所以我心灵空虚，了无牵挂，无为而自在，烦恼和忧愁自然会远离我而去。聪明人凡事都要争出个所以然来，以不知强为知，不聪明强装聪明。他们凡事都要斤斤计较，辨它个明明白白、一清二楚，而我却哑口无言、闷闷不语。众人都要有所作为，而我却清净寡为，这在众人看来我是多么冥顽不化、卑鄙下贱啊！

老子对众人的思想没有作出任何批判，他只是通过众人的思想来反衬自己的思想，起到了极其鲜明的对比效果。

可见，老子并不是赶时髦追求什么“另类”，他这样做是一种避祸的大智慧。由“昏昏”“闷闷”几个词，老子想说的是，当糊涂时则糊涂，“众人皆醒”之时，你不妨醉一回。

智和愚对人一生的命运影响极大。“聪明一世，糊涂一时”，看起来聪明人有时也会办蠢事，“难得糊涂”，真正聪明的人表面上愚拙，这是一种智慧人生，真人不露相。

有的人外表看起来平凡普通，内心却世事通达，才高八斗；有的人外表道貌岸然，而内心却空虚惶恐底气不足。

人生是个万花筒，个人在那变幻之中要用足够的聪明智慧来权衡利弊，以防莫测变化。但是，人有时候不如以静观动，守拙若愚。这种处世的艺术其实比聪明还要胜出一筹。聪明是天赋的智慧，糊涂是聪明的表现，人贵在能集聪与愚于一身，需聪明时便聪明，该糊涂处且糊涂，随机应变。孔子论人，以知、仁为别，正所谓“知者乐水，仁者乐山”。知者动，仁者静。朱熹在《四书集注》中解释为：知者达于事理而周流无滞，有似于水，故乐水；仁者安于义理而厚重不迁，有似于山，故乐山。聪明之区别糊涂，大抵如此。

老子大概是把糊涂处世艺术上升至理论高度的第一人。他自称“众人昭昭，我独昏昏；众人察察，我独闷闷”。而作为老子哲学核心范畴的“道”，更是那种“视之不见，听之不闻，搏之不得”的似糊涂又非糊涂、似聪明又非聪明的境界。人依道而行，将会“大直若屈，大巧若拙，大辩若讷”，即大智若愚。中国人向来对“智”与“愚”持辩证的观点，《列子·汤问》里愚公与智叟的故事，就是我们理解智愚的范本。庄子说：“知其愚者非大愚也，知其惑者非大惑也。”人只要知道自己愚和惑，就不算是真愚真惑。是愚是惑，各人心里明白就宽慰了。

孔子说：“宁武子，邦有道则知，邦无道则愚。其知可及也。”宁武子即宁俞，是春秋时期卫国的大夫，他辅佐卫文公时天下太平、政治清明。但到了卫文公的儿子卫成公执政后，国家内乱，卫成公出奔陈国。宁俞则留在国内，一面仍是为国忠心耿耿，表面上却是一副糊里糊涂的样子，这是明哲保身的处世方法。因为身为国家重臣，不会保身怎能治国？后来周天子出面，请诸侯霸主晋文公率师入卫，诛杀佞臣，重立卫成公，宁俞依然身居大夫之位。这是孔子欣赏“愚”的典故，他很敬佩宁俞“邦无道则愚”的处世方法，认为一般人可以像宁俞那么聪明，但很难像宁俞那样糊涂。在古代上层社会的人事倾轧中，糊涂是官场权力杂耍的基本功。仅以三国时期为例，就有两场充满睿智精彩的表演，一是曹操、刘备煮酒论英雄时，刘佯装糊涂得以脱身；二是曹、马争权时司马懿佯病巧装糊涂反杀曹爽。后人总结云：“惺惺常不足，蒙蒙作公卿。”苏东坡聪明过人，却仕途坎坷，曾赋诗慨叹：“人人都说聪明好，我被聪明误一生。但愿生儿愚且蠢，无灾无难到公卿。”为官可以愚，但为政须清明，不可混淆。

“难得糊涂”是糊涂学集大成者郑板桥先生的至理名言，他将此体系晋升为：“聪明难，糊涂亦难，由聪明转入糊涂更难。放一着，退一步，当下心安，非图后来福报也。”做人过于聪明无非占点小便宜；遇事装糊涂，只不过吃点小亏。但吃亏是福不是祸，往往有意想不到的收获。“饶人不是痴，过后得便宜”，歪打正着，“吃小亏占大便宜”。有些人只想处处占便宜，不肯吃一点亏，总是“斤斤计较”，到后来是“机关算尽太聪明，反误了卿卿性命”。

郑板桥说过：“试看世间会打算的，何曾打算得别人一点，真是算尽自家耳！”世上最可悲悯的人，他们往往自我感觉不错，正是所谓“贼是小人，智是君子”之人，是那些具有君子的智力却怀持小人之贼心的人，他们最大的敌人即是他们自身。为人处事与其聪明狡诈，倒不如糊里糊涂却敦厚。

郑板桥以个性“落拓不羁”闻于史，心地却十分善良。他曾给其堂弟写过一封信，信中说：“愚兄平生谩骂无礼，然人有一才一技之长，一行一言为美，未尝不被啧啧称道。家中数千金，随手散尽，爱人故也。”以仁者爱人之心处世，必不肯事事与人过于认真，因而“难得糊涂”确实是郑板桥襟怀坦荡无私的真实写照，并非一般人所理解的那种毫无原则稀里糊涂之人。糊涂难，难在于人私心太重，心头一热，陡觉世界太小，眼前只有名利，不免去斤斤计较。《列子》中有齐人攫金的故事，齐人被抓住时官吏问他：“市场上这么多人，你怎敢抢金子？”齐人坦言陈词：“拿金子时，看不见人，只看见金子。”可见，人性确有这种弱点，一旦迷恋私利，心中便别无他物在，唯利是胆，掉进钱眼里去了！

聪明与糊涂是人际关系范畴内必不可少的技巧和艺术，其本身并无优劣之分。只不过太聪明的人学点“糊涂学”，于己大有益处。

老子是个聪明人，是智者，这是毋庸置疑的事。老子的聪明之处就在于他看事物时辩证的眼光。糊涂与聪明本是相对的，有些看似聪明的人不明就里，一味追求聪明，结果反被聪明误。只有像老子那样的聪明人才知道糊涂的境界才是聪明的极致。人生难得几回醉，当醉则醉，当糊涂则糊涂吧！

闻道而笑

原典

上士闻道，勤而行之；中士闻道，若存若亡；下士闻道，大笑之。不笑不足以为道。

解读

有识者得悉“道”之理后，勤勉行政、身体力行；普通人听了似懂非懂，半信半疑，不知如何是好，终究无所得；无知的人听了觉得难以置信，大加嘲笑。如果“道”不能让这种人听了觉得可笑，那也就不是什么真正的“道”了。

有学者把人类社会横向分为三个层次，即上、中、下，其中上层大约占整体的3%，中层大约占17%，下层大约占80%。当然谁都不想成为那80%的下层社会的人，可惜的是大部分人都是处于这个层面中的。这不仅是指物质生活水平，也是指思想意识层次。

宣扬成功学的人们会主张，一个人若想成功，就要先向成功的人学习，然后和成功的人合作，这样才能从已经成功的人身上学到他们成功的因素，并找到使自己成功的方法。同样的，若是想成为上士，那么就要掌握他们是怎么思考问题，是有着什么样的处理问题的方式，有着什么样的人生观和事业观。如果你有着成功者的心态和思维方式，再加上能够坚持不懈，那么你前面的终点就只有一个：成功。如果不具备这种心态，即使拥有再多的物质，也不能算是上士，看看那些“富不过三代”的显赫之家，就是因为子孙没有先祖创业时的那种兢兢业业的态度，所以即使有了财富也守不住。所以才有人说“创业难，守业更难”。

如果觉得这些道理好像有些用处，自己也想要成功，可是又觉得不容易做到，对前途感到渺茫，也许付出了什么也得不到，还不如再等等看，看别人照着这方法做会怎么样，等他成功了我再跟着做，要是他不行，那我就笑他不知道观火候……如果是抱着这种观念做事，那就属于“闻道”后“若存若亡”的人，是中士。或许可以触及到成功，但也有可能是失败，这就要看最终的选择如何了。如果只是存有观望的态度，而迟迟不肯迈出第一步，那就是在选择失败。

而下士是些什么样的人呢，那是根本就不相信这些道理的人，如果有人跟他说：“你现在穷，是因为你的观念造成的。”他或者听不懂，或者要“大笑之”以示不信。这只是举个例子，不是针对那些现在没钱的人，不论是否有钱、是否有权或者是否有名，将来的走向都是被你的意识所牵制的，如果你只有下士的心态，那又怎么可能利用现有的物质基础发挥上士的优势呢？即使因为一时的运气，或是先人的积累，而获得了一些机遇，但这都是不可能长久的。

没有上士的心态却想成为上士的人，难免要做出一些危险的事情，有可能在物质欲望膨胀起来之后什么事情都做，偷盗、抢劫、绑架、贩毒、贿赂……事实上这样的人并不在少数，这就是因为他们没有一个正确的意识去支配自己的行为。

有这样一个故事：一个富翁要出门远行，临走之前把三个仆人叫到面前，给他们每人100个金币，对他们说：“你们拿着这些钱去做生意，等我回来时，再来见我。”三年之后，富翁回来了，第一个仆人报告说：“主人，您交给我的100个金币，我已经用它赚了10倍。”富翁很高兴，就把这些钱都奖励给他。

第二个仆人说：“主人，您交给我的100个金币，我用它赚了5倍。”富翁也很高兴，照样奖励了他。

第三个仆人说：“主人，您交给我的100个金币，我害怕丢失，又怕做生意赔本，所以一直埋在地底下。”

富翁很生气，命令将那100个金币也奖励给第一个仆人，并说：“凡是少的，就连他所有的也要夺过来。凡是多的，还要给他，叫他多多益善。”

这就是著名的“马太效应”。这其实就是基于心态和思维方式的不同，付出得越多就会得到的越多，而害怕损失不敢付出的就会连现在所拥有的都会失去。因为没有什么东西是可以守住一直不失去的，这是事物运行的必然。想要一直拥有，就得一直付出，像流水一样，有进有出，水才是活的，才是丰盈的，若只进不出，或只出不进，那水要么会溢出来，要么就会干涸。人生也是一样。

老子虽然提倡清静无为，要顺其自然，而不给自己的天性妄加些没有用处的东西，但是这不是说让人不思进取，碌碌无为。要顺其自然，就要吐故纳新，要新陈代谢，所以这种清静无为是积极的而不是消极的。

如果一个人只是想平庸地过一生，可是又不能让自己心静如水，对着各种物欲的诱惑心动不已，那么这种生活就是痛苦的、不幸的，更是与老子所说的那种顺其自然的生活搭不上边。

有时候规矩太多并不是件好事

原典

天下多忌讳，而民弥贫；民多利器，国家滋昏；人多伎巧，奇物滋起；法令滋彰，盗贼多有。

解读

政令愈繁琐，人民愈贫困；社会上以暴力手段获取利益的行为愈多，国家也就愈是难以治理;人们的技能愈是巧妙高明，反常的东西也就日益增多;法律愈是严苛，盗贼反而愈是难以遏阻。

多忌讳，往往是那些心理脆弱不堪一击的人忌讳多，而无所顾忌的人心理健康，自然不需要什么忌讳。而忌讳多的人往往一旦被触犯，就会怒不可遏，做出些失常的举动来。如果是天下多忌讳，也就是国家的法令繁琐严苛，那人民不知道自己哪里一不小心就会触犯了法令，做起事来小心翼翼，不敢越雷池一步，为求自保，自然也就宁可少做少错，这样也就谈不上什么发展了。那么“民弥贫”也就是显而易见的事了。

"民多利器，而邦家滋昏；民多智能，而奇物滋起；法令滋彰，而盗贼多有。"这段话说来就像是在专为今日欧美社会所言一样。文明愈是先进，物质基础愈是丰厚，利器、智能、法令愈是增多，祸患反而愈深了。这是因为人们的自身修养并没有像迅速发展的物质基础一样发展起来，当人心不能够顺其自然、清静平正时，面对种种利器、智能、法令，自然也就容易盗贼奸伪迭起了。

美国的富裕已经成为世界上的一个象征，有许多国家的平民会想要移民到美国去，认为那里有着许多机会和发展的空间。不错，美国有着丰富的物质基础，人民的生活水平很高，可是从另一方面来讲，美国又是罪犯的天堂。

虽然说种种犯罪行为的增多，或许是许多国家的社会问题，但是不可否认这些犯罪行为的增多，是由于现在物质生活的丰富刺激下的一个结果。这也是"民多利器，国家滋昏；人多技巧，奇物滋起；法令滋彰，盗贼多有"的具体表现。

明太祖朱元璋刚刚即位不久，发现官员腐败之事已经开始迅速蔓延：刑部尚书收受罪犯贿赂，指示属下把罪犯放走，用死囚来替他坐牢；宝钞提举司和户部官员勾结，印了七百万锭纸币，自己私吞了一百四十三万锭；兵部侍郎借抓捕逃亡军人的机会，收受军人家属贿赂二十二万锭……而那些地方官中的贪污程度更是惊人。

作为一个农民出身的皇帝，朱元璋非常痛恨贪污腐败，他采取了中国历史上最严厉的措施来惩贪。他规定凡贪污六十两的，就剥皮食草，摆在衙门前示众。按说这一规定已经残酷至极，不想他后来公布的政策更为极端："今后犯赃的，不分轻重都杀！"

朱元璋生性苛细，连多用一张信纸在他眼里都算贪污。翻开《大诰三编》，你会看见皇帝亲自惩办的贪污案里，有这样一些赃物："收受衣服一件、靴二双"，"圆领衣服一件"，"书四本，纲巾一个，袜一双"。

朱元璋对贪污之官，宁肯错杀一千，不可放过一个。他规定，凡有贪污案件，都要层层追查，顺藤摸瓜，直到全部弄清案情，将贪污分子一网打尽为止。但是这样做虽然可以使贪吏无所遁形，可是在法制不健全的情况下，却也易生流弊，审理者务为严酷以当上指，株连蔓引，往往累及无辜，有时候连坐冤杀的甚至达数万人之众。

虽然惩贪措施如此严厉，腐败却从来没有绝迹。大的腐败案消失了，小的腐败却仍然层出不穷。固然说官员们的贪污之风由来已久，一时难绝，但朱元璋的低薪制无疑在加剧着腐败的蔓延。史称明代“官俸最薄”，正一品官月俸米八十七石，正四品二十四石，正七品七石五斗。合成银两，一个县令月收入不过五两，折换成现在币值，1000元左右。我们要知道，这五两银子不光要负担县令个人的生活，还要供养家庭，支付师爷们的工资。因此，如果不贪污，大明王朝的官员们根本活不下去。

朱元璋却从来没有想到应该提高官员的待遇。他从道德高度出发，理直气壮地认为官员们都是用孔孟思想武装起来的人，理所当然地应该不计报酬，敬业奉献。然而，皇命也不能剥夺官员们糊口的权利，况且朱元璋一个人毕竟监督不过来普天下所有官员。随着朱元璋惩贪力度的不断加强，用“书四本，纲巾一个，袜一双”之类标准衡量出的贪污“案件”暴露得越来越多，在朱元璋眼里，腐败已经发展到了“无人不贪”的程度。

在这种情形下，再加上朱元璋惩治贪官污吏时往往不遵守自己修订的《大明律》的规定，而受自己情感的影响，经常出现轻罪重判，无罪枉断的现象。据说，洪武时期的大臣每天早朝前，定要与妻子诀别安排好后事，如同上刑场一般，意谓此去凶多吉少。下朝后合家欢悦，庆贺又活过了一天，真是“度日如年”。

我们可以想象，在人皮草囊相伴下，那些明朝的官员们的心境是如何忐忑不安，而且薪水又少得几乎养活不了家人，收一双袜子都要被砍头，这种情况下官员们又怎么能安下心来处理政事呢？所以虽然朱元璋惩贪的力度举世罕有，可是不仅不能使贪污之行绝迹，而且也没有使得明朝出现“贞观之治”或是“康乾盛世”那样的大好局面。

这也就是老子所说的“天下多忌讳，而民弥贫；民多利器，国家滋昏；人多伎巧，奇物滋起；法令滋彰，盗贼多有”的体现了，虽然朱元璋重典严刑，可是朝廷中贪污不断，百姓中起义不断，实在是没有达到真正治贪倡廉的效果。可见，规矩太多并不一定是好事，想将事情处理好，不能光靠立规矩，还得真正将法令与社会现实相结合，不能不顾实际。